「探究」カリキュラム・デザインブック

アクティブ・ラーニング
（主体的・対話的で深い学び）
はじめました

がもう　りょうた

はじめに

「アクティブ・ラーニング＝主体的・対話的で深い学び」がやってくる！

　近年、学校現場では「アクティブ・ラーニング」ないしは「主体的・対話的で深い学び」という言葉が話題になっています。本書のメインテーマになる「探究活動（探究的な学習）」というのも、このアクティブ・ラーニングの一種と考えられます。

　なぜ、話題になっているのかというと、次回学習指導要領に「アクティブ・ラーニング＝主体的・対話的で深い学び」が織り込まれるということが分かってきているからです[文献1]。これは「ゆとり教育」以来の「生涯学習社会」構築に向けた、学習者の主体性や能動性を重視した「新しい学び」への大転換の集大成と考えられます。

　改訂に向けた当初、「アクティブ・ラーニング」という言葉で示された学習方法の改革は、用語の混乱から「主体的・対話的で深い学び」に言い換えられました。しかし、その意味するところは変わっていません。

　次回学習指導要領は改訂の後、周知・徹底、先行実施のプロセスを経て、全面実施されます。高等学校では2019年度より先行実施され、2022年度より年次進行で完全実施となります[文献2]。

　さらにこの改訂作業と並行して、2020年度、現行の大学入試センター試験から、高大接続改革に基づく新しいタイプの入試方法が導入されることになっています。

この一連の改革の捉え方は人によって違っています。「受験勉強どうするのか」と戸惑う人、「きちんとしているから大丈夫」と胸を張る人、さまざまです。
　しかし、学校現場を訪れると「新しい学び」の趣旨を理解し、うまく授業に活かしている先生はとても少なく感じます。学習活動としては未熟な「かたちだけの教育改革」が蔓延しつつある危惧もあります。

今、必要な「カリキュラム・デザイン」と「学びのファリテーション」

　用語の変更があったとはいえアクティブ・ラーニングについて見てみるのは今回の改革を考えるうえで有効なものです。もともとアクティブ・ラーニングという語はアメリカの大学教育のなかで生まれました。それまで一部のエリートのためのものでしかなかった大学に、多くの人々が入学するようになり、一斉授業だけでは立ちゆかなくなった時期があります。そのとき出てきた教育改善運動において、一斉授業のカウンターとなるものとしてアクティブ・ラーニングという考え、方法が生まれたのです。
　「アクティブ・ラーニング＝主体的・対話的で深い学び」を導入することは、この例にならえば「不断の教育改善」を意味するわけです。学習者が教室できちんと学び、教師が適切なかたちで教育を遂行する。この当たり前の営みを「実質化」するために、さまざまに方法を工夫し、授業のマネジメントを徹底する。このようなことが大切です。
　しかし、文部科学省がアクティブ・ラーニングを導入しようとして以降、たくさんの関連書籍が出版されるなか、情報があふれ、さまざまな混乱が生じています。「これこそ、『アクティブ・ラーニング』の決定版」というテキストや教案が飛び交い、それをただ、真似すれば新しい流れに対応できると考えている先生たちが結構いるのではないでしょうか。
　アクティブ・ラーニングという言葉が持つ教育改善の理論的な広がり――つまり、「適切なカリキュラム作りとマネジメント」というデザイン面での問題、そして、「学びの促進（ファシリテート）」という臨床面での問題――に正面か

ら取り組めるのか。単にグループワークをすればよいとか、発表活動をすればよいとか、かたちだけの研究授業を披露してお茶を濁そうとしていないか。

　文部科学省が「アクティブ・ラーニング」を「主体的・対話的で深い学び」と言い換えたなか、筆者もまた、このような危惧を抱いてしまうのです。

　教育改善に必要なカリキュラム・デザイン力、学びのファリテーション力、これらをつけること。この基本的なことが教育改革には不可欠である。

　これが本書の理解です。本書では以上の基本的な能力を開発・確認するために、「アクティブ・ラーニング＝主体的・対話的で深い学び」、とくに本書のメインテーマである「探究活動」についての理論的知識（第１部）、そして、一般的な教育方法や学修支援の知識（第２部）を整理し説明しています。

「学校の外」にある「学びの資源」を利用する

　アクティブ・ラーニングは学習、あるいは授業の方法という側面があります。これらの方法は従来の教科教育のなかで蓄積されたものもありますが、多くは「学校の外」に存在します。たとえば、アクティブ・ラーニングの先例となった大学教育には効率的なグループ学習を目指したさまざまな実践例が存在します。また、社会教育、つまり大人の教育（成人教育）や博物館・美術館の教育などにも注意を向けたいです。

　これら「学校外の学び」の蓄積には、コミュニケーション能力を高めたり、アイデアを作ったり、社会で役立つ文章を書けるようにしたりと、実用的な学習法がたくさんあります。

　本書で主に取り扱うのは「探究活動（探究的な学習）」という学習方法です。この手法は一般的な調べ学習や自由研究をより洗練させた「子どもたちの研究活動」と呼べるものです。学習者は研究活動を通じて、さまざまな能力を身につけていくのですが、急に研究を始めさせても、おのずからグループで話し合い、テーマを決めて仮説を立て、実証し、その結果をレポートにまとめられる……ということは不可能です。

　実際の研究活動（課題研究）にチャレンジさせる前に、基礎となる学力を身

につけさせる必要があります。このとき、「学校外のアクティブ・ラーニング」が役に立つのです。

本書では「探究活動（探究的な学習）」のカリキュラムを組む際に活用できるさまざまな学習方法を解説し、紹介しています（第3部）。これらは単独で教科の授業に活用することも可能ですし、ホームルームなど、「特別活動」に使うことができます。紙面の関係からあくまでも紹介程度にはなりますが、利用できそうなものがあれば、関連書籍に当たっていただければ幸いです。

探究活動への「臨床現場」からのアプローチ

筆者は大学・大学院で教育方法・学修支援について学びながら高校の教壇に立ちました。研究指定校や大学附属校など「特別な学校」ではない「普通の学校」現場でした。現場へ入るなかで探究活動を校内に企画・組織化、さらに「総合的な学習の時間」の授業再編に参加してカリキュラム改訂や授業運営のアドバイスを行ないました。この経験やその他の学校での事例をもとにカリキュラム作りの実際を、第2部末尾に記しました。

さらに高校での活動と並行して、大学総合博物館での「学び」をテーマにした企画展示とそれに付随した高大連携事業の実務担当者となり、プロジェクトの企画・運営から学校現場との交渉・調整、実際の授業計画のデザインと指導を行ないました。

現在、探究活動の先進校で見られるような「高大連携」ないしは「博学連携」など、学校の外部機関との連携について、学校側から、その逆の学校外の機関（大学）から体験し、実務内容を理解するようになりました。この全貌を本書「ふろく」にて整理しました。

このような実務経験のなかで、多くの先生方が教育方法や学修支援の知識を持たずに悪戦苦闘されていることに気づきました。非常に熱心な方々であっても知識不足ではなかなか、仕事がはかどらないのが現実です。

教科書のなかの「研究知」はある意味で融通の利かないものです。逆に言えば、それは確固たる強度を保ち、先生方の道標となるものです。一方で、研究

知がいくら論理的に正しくても臨床的に妥当でないなら意味はありません。

　本書を企画した際、筆者は自身の体験に照らしながら、さまざまな研究知を「臨床現場」において統合するというアプローチを採用しました。

　「この先生が教育方法や学修支援についての知識をもっと持っていたら、仕事がよりよいものになるのに」と感じた体験から、「では、そのために必要な知識はどのようなものだろうか」と考え、編まれたのが本書です。

　本書は学校現場の学習活動、とくに探究活動を充実させるための内容を網羅したものとなっています。そのため、全体的に情報量は限られており、あくまでも入門的・網羅的な内容となっていることをご容赦ください。

　現場でともに汗を流した先生たちの顔を思い浮かべながら、本書を執筆致しました。本書が現場で活躍する先生方の手助けになれば幸いです。

1）2015年度文部科学省教育課程企画特別部会「教育課程企画特別部会における論点整理について（報告）」などを参考。
http://www.mext.go.jp/b_menu/shingi/chukyo/chukyo3/053/sonota/1361117.htm
閲覧：2017年2月25日

2）今後の学習指導要領改定スケジュール　平成28年8月26日　中央教育審議会教育課程部会　資料3
http://www.mext.go.jp/b_menu/shingi/chukyo/chukyo3/004/siryo/__icsFiles/afieldfile/2016/08/29/1376580_3.pdf
閲覧：2017年2月25日

はじめに 3

第1部 「アクティブ・ラーニング＝主体的・対話的で深い学び」と「探究活動」——「理論」を学ぶ　11

1 「新しい学び」の時代　12
2 今、必要とされる「新しい学力」　15
3 「アクティブ・ラーニング＝主体的・対話的で深い学び」とは何か？　19
4 「学校外の学び」から考える　23
5 教師に求められる2つの力　27
6 「探究活動」とは何か？　30
7 探究活動の2つのカリキュラムモデル　33
8 「探究」カリキュラムの3段階モデル　37
9 「調べ学習」と探究活動をつなげる　40

第2部 カリキュラムを「デザイン」する——学びの「作り方」　43

1 一貫したカリキュラムを作ろう　44
　コラム　学習指導要領改訂と「カリキュラム・マネジメント」　47
2 「学習目標」から考える——カリキュラム作りの手順　48
3 「工学」と「羅生門」——カリキュラムを作る視点　53
　コラム　「教育」は後からやって来る　55
4 「成果物」と「能力」　56
5 「学習者」を評価する　59
6 「授業」を評価する　62
7 カリキュラム作りの実際(1)——事前調査　64
8 カリキュラム作りの実際(2)——授業運営に向けて　69
　コラム　「オルタナティブ教育」について　74

第3部 さまざまな「学習方法」を学ぶ
　　　　──学びの「原理」と「手法」　　　75

- 1 ファシリテーション ── 学びの「原理」① 　76
- 2 ロールプレイ ── 学びの「原理」② 　79
  - コラム 「役になりきる」ことの学び　82
- 3 ゲーム ── 学びの「原理」③ 　83
  - コラム 「ゲーム」で授業を作る　85
- 4 アイスブレイク ── グループ活動に向けた手法① 　86
- 5 協調学習 ── グループ活動に向けた手法② 　89
- 6 コミュニケーション・トレーニング ──「社会性」を育てる手法　92
- 7 ディベート ──「論理的な思考力」を鍛える　98
  - コラム 机の上のディベート　100
- 8 レポート・ライティング ──「書き方」を学ぶ手法　101
  - コラム 「文章チュータリング」とは何か　103
- 9 情報を整理する方法 ──「アイデア」を生み出す手法　104
- 10 「仮説」作りの方法(1) ── アイデアを「形にする」サポート　108
- 11 「仮説」作りの方法(2) ──「検証」に向けたサポート　111

ふろく 探究活動を「つながり」のなかで作る
　　　　──「連携」の実務を知る　　　115

- 1 学校が「連携」をするとき　116
- 2 どうやって「連携」する？　119
- 3 連携「体制」をどう作るか　122
- 4 「連携」の実際と諸問題　127

おわりに　132

第1部

「アクティブ・ラーニング＝主体的・対話的で深い学び」と「探究活動」

——「理論」を学ぶ

　本書のテーマである「アクティブ・ラーニング＝主体的・対話的で深い学び」、そして「探究活動（探究的な学習）」。両者ともに「ゆとり教育」に代表される教育改革（新しい学び）の総仕上げとして学校現場に導入されたものです。しかし、ともに従来の学校教育にはなかったものであり、関連する情報もあふれかえり、現場の先生たちも困惑しています。

　第1部では「新しい学び」、「探究活動」について、その理論とそれが導入された社会的背景について説明します。

第1部 1 「新しい学び」の時代

- 「新しい学び」の核心は「生涯学習」。赤ちゃんから高齢者まで、「生きているすべての人」の「生涯発達」に寄り添うものです。

- 「生きる力」はそんな「生涯学習」の基盤の力です。

- 「アクティブ・ラーニング＝主体的・対話的で深い学び」はこの「生きる力」を育てるための取り組み方です。

❶「新しい学び」と「生涯学習」の時代

　近年の教育改革の流れは1980年代の臨時教育審議会（政府の諮問機関）から始まったと考えられます(文献1)。そこでの議論は「教育の自由化」や「生涯学習」という従来なかったテーマを示し、後の「生きる力」という「新しい学力」の提案へとつながっていきました。このような教育改革は、それまでの「詰め込み教育」への反省とともに、経済成長の一段落した日本が今後、いかにしてグローバル社会のなかで成熟していくのかという問題を背景にしていたと考えられます。

　「新しい学び」を考えるうえで重要な概念として「生涯学習」というものがあります。この言葉は1965年、ユネスコのポール・ラングランが提唱したものです。

　それまでの教育は小学校から大学までの極めて限られた期間を対象としたものでした。しかし、これからの教育はそれこそ「赤ちゃんから高齢者まで」、つまり、「生まれたときから死ぬまで」の「生涯発達」(文献2)をターゲットとする。

これが「生涯学習」の考え方です。

それは「受験のための勉強」から「生きるための学習」、「働き、市民として生活をするための知識や技術、態度を身につける教育」へと変化するものでした。このような「生涯学習」の基盤となる力が今の学校教育のベースになっている「生きる力」と呼ばれる学力なのです。

「教育」は「若者」だけのためのもの？
いいえ。「教育」は「生きているすべての人」のためのもの

❷「生涯学習」と「生きる力」

文部科学省は「生きる力」を３つの側面から定義しています(文献3)。１つは「確かな学力」、次に「豊かな人間性」、最後に「健康と体力」です。

ここでいう「確かな学力」とは教科書の内容を丸暗記する力ではありません。知識や技能を活用し、課題を見つけ解決する力も含まれています。また、学ぶための意欲や主体性もここに入ります。

「豊かな人間性」は自律して生きていくための力や他者との協調性、共感性を意味します。簡単に言ってしまえば自分を持った大人になるということ、そして他者とコミュニケーションする力を持つということなのです。

このような「生きる力」というのは教科書を丸暗記したり、ドリルを何度も練習したりしてつく力には思えません。

そこで登場したのが「アクティブ・ラーニング＝主体的・対話的で深い学び」という学習方法、そしてその評価や運営管理を含めた「カリキュラム・マネジメント」なのです。この学習方法を採用するというのは「他者との学び」など、これまでの学校現場では重視されてこなかった活動を教室の中心に導くことを意味します。

　「アクティブ・ラーニング＝主体的・対話的で深い学び」は「生きる力」をつけるための学習方法であり、「カリキュラム・マネジメント」は、ほんとうに子どもたちにその学力がついているのかを検証しながら、カリキュラムをつねに見直し修正していく営みなのです。

「1人で勉強する」もいいけれど
「一緒に学ぶ」もいいですよ

1) 寺脇研（2013）『文部科学省「三流官庁」の知らざる素顔』、中央公論新社や渡部蓊（2006）『臨時教育審議会 ―その提言と教育改革の展開』学術出版会参照。
2) 無藤隆・やまだようこ責任編集（1995）『講座 生涯発達心理学 生涯発達心理学とは何か―理論と方法』金子書房などを参照。
3) 文部科学省初等中等教育局教育課程課「現行学習指導要領・生きる力」
http://www.mext.go.jp/a_menu/shotou/new-cs/idea/
閲覧：2017年2月25日

第1部 2 今、必要とされる「新しい学力」

- 「生きる力」に似た「新しい学力」は世界中で議論されてきています。
- それは社会が、グローバル化を背景に、「知識」がつねに生み出されては廃れていく「知識基盤社会」に移行したからです。
- 「新しい学力」の大きな2つの特徴は「問題解決能力」と「社会性」です。

❶ 文部科学省が提唱する「学力」

「生きる力」が小中高校の学習のなかに取り入れられてから10年以上が経っています(文献1)。現在も文部科学省は「学習指導要領の基本的な考え方」として「生きる力」を標榜しています。これは「確かな学力」、「豊かな人間性」、「健康・体力」の3つの部門から構成されています(下表、文献2)。

「生きる力」とは

文部科学省の定義	
確かな学力	基礎的な知識・技能を習得し、それらを活用して、自ら考え、判断し、表現することにより、さまざまな問題に積極的に対応し、解決する力
豊かな人間性	自らを律しつつ、他人とともに協調し、他人を思いやる心や感動する心などの豊かな人間性
健康・体力	たくましく生きるための健康や体力

さらに2016年度に発表された中央教育審議会の「学習指導要領の論点整理」

では「育成すべき資質・能力」として次の三要素が提示されました(文献3)。

「育成すべき資質・能力」

三要素	解説（抜粋）
何を知っているか、何ができるか（個別の知識・技能）	個別の知識や技能など
知っていること・できることをどう使うか（思考力・判断力・表現力等）	問題発見・解決や、協働的問題解決のために必要な思考力・判断力・表現力
どのように社会・世界と関わり、よりよい人生を送るか（学びに向かう力、人間性等）	学びに向かう力や自己の感情や行動を統制する能力、自らの思考のプロセス等を客観的に捉える力など、多様性を尊重する態度と互いのよさを生かして協働する力、持続可能な社会作りに向けた態度、リーダーシップやチームワーク、感性など

❷ さまざまな「新しい学力」の登場とその背景

　「生きる力」は日本の教育行政が思いつきで作ったものではありません。じつは「生きる力」に似た「新しい学力」は世界中で議論されているのです。
　たとえば、日本国内でも経済界の議論をもとに経済産業省がまとめた「社会人基礎力」(文献4)や国立教育政策研究所の「21世紀型能力」(文献5)などがあります。
　世界に目を向ければ、日本の教育のあり方に大きな影響を与えたPISA（OECD生徒の学習達成度調査）の基本的な枠組みとなる「キー・コンピテンシー」(文献6)、あるいはATC21Sの「21世紀型スキル」(文献7)、そして普遍的な学力という意味での「ジェネリックスキル」に関する議論(文献8)が存在します。
　このような学力が登場した背景には、国際社会の変化というものがあります。
　インターネットを代表とする情報メディアの発展により、国境を越えた人や情報などの交流が容易になりました。いわゆる「グローバル化」です。このなかで知識の意味合いが変わり始めました。
　これまでは教科書に載っているような知識は一定の期間、確固たる価値を持っていました。しかし、情報が国境を越えて激しくやり取りされるなかでは、つねに新しい知識が生み出され、既存の知識が陳腐化していくのです。

このように知識が世界中をかけめぐり、新しいものが生まれ、人びとの生活を左右する社会を「知識基盤社会」(文献9)といいます。この社会では単に知識を詰め込むだけでは意味がなく、新しい知識を自ら獲得しながら、自分なりの知識を生み出し、課題や問題にチャレンジすることが重要になってくるのです。

❸「新しい学力」の特徴

　このような社会背景のなかで必要とされる能力は大きく2つの特徴を持ちます。1つは科学的論理的に物事を考え、それに裏付けられた「問題解決能力」を持つということです。

　もう1つは（問題解決をするうえでも重要になってくるのですが）ヒト・モノ・カネの動きが活発になってくるグローバル社会において重要になる、異なる背景や物の見方・考え方を持つ他者とコミュニケーションする力、いわゆる「社会性」というものです。この「社会性」は単に仲間内で楽しくしゃべるということではありません。そうではなくてグローバル社会において他者とつながりながら、問題を解決し新しい価値を生み出す力なのです。

「新しい学力」の例

社会人基礎力		
1	前に踏み出す力	主体性・働きかけ力・実行力
2	考え抜く力	課題発見力・計画力・創造力
3	チームで働く力	発信力・傾聴力・柔軟力・状況把握力・規律力・ストレスコントロール力
21世紀型能力		
1	実践力	自律的活動力／人間関係形成力／社会参画力／持続可能な未来作りへの責任
2	思考力	問題解決・発見力・創造力／論理的・批判的思考力／メタ認知／適応的学習力
3	基礎力	言語スキル／数量スキル／情報スキル
キー・コンピテンシー		
1	社会・文化的、技術的ツールを相互作用的に活用する能力（個人と社会との相互関係）	
2	多様な社会グループにおける人間関係形成能力（自己と他者との相互関係）	
3	自律的に行動する能力（個人の自律性と主体性）	

1) 1996年度中央教育審議会第一次答申「21世紀を展望した我が国の教育の在り方について」に登場。2002年度より実施の学習指導要領で採用。
2) 文部科学省初等中等教育局教育課程課「現行学習指導要領・生きる力」
   http://www.mext.go.jp/a_menu/shotou/new-cs/idea/
   閲覧：2017年2月25日
3) 2015年度　文部科学省教育課程企画特別部会「教育課程企画特別部会　論点整理」
   http://www.mext.go.jp/component/b_menu/shingi/toushin/__icsFiles/afieldfile/2015/12/11/1361110.pdf　閲覧：2017年2月25日
4) 経済産業省経済産業政策局 産業人材政策室「社会人基礎力」
   http://www.meti.go.jp/policy/kisoryoku/　閲覧：2017年2月25日
5) 国立教育政策研究所（2013）『教育課程の編成に関する基礎的研究　報告書5　社会の変化に対応する資質や能力を育成する教育課程編成の基本原理』
   http://www.nier.go.jp/05_kenkyu_seika/pdf_seika/h25/2_10_all.pdf
   閲覧：2017年2月25日
6) 文部科学省「OECDにおける『キー・コンピテンシー』について
   http://www.mext.go.jp/b_menu/shingi/chukyo/chukyo3/016/siryo/06092005/002/001.htm　閲覧：2017年2月25日
7) P. グリフィン・B. マクゴー・E. ケア編『21世紀型スキル—学びと評価の新たなかたち』三宅なほみ監修、益川弘如、望月俊男編訳、北大路書房。
8) National Centre for Vocational Education Research(2003)Defining Generic Skills: At a glance
9) 『平成18年版 文部科学白書』では「一般的に、知識が社会・経済の発展を駆動する基本的な要素となる社会」とされる。
   http://www.mext.go.jp/b_menu/hakusho/html/hpab200601/002/003/005.htm　閲覧：2017年2月25日

第1部 3 「アクティブ・ラーニング=主体的・対話的で深い学び」とは何か？

- 「アクティブ・ラーニング」は大学教育の用語で、学習者の能動的な参加を取り入れた学習法とされます。

- この「アクティブ・ラーニング」を「主体的・対話的で深い学び」として小中高校の教育にも取り入れることになりました。

- 「アクティブ・ラーニング」を導入する際のポイントは、特定の方法を取り入れるのではなく、「生きる力」の育成を実質化するために総合的な教育改善を行なうということです。

❶「アクティブ・ラーニング」とは何か

「新しい学力」のための学習方法が「アクティブ・ラーニング」です。すでにアクティブ・ラーニングに関してはさまざまな定義が存在します。よく利用されるのは中央教育審議会答申の用語集[文献1]にある次のものです。

> 教員による一方向的な講義形式の教育とは異なり、学修者の能動的な学修への参加を取り入れた教授・学習法の総称。学修者が能動的に学修することによって、認知的、倫理的、社会的能力、教養、知識、経験を含めた汎用的能力の育成を図る。発見学習、問題解決学習、体験学習、調査学習等が含まれるが、教室内でのグループ・ディスカッション、ディベート、グループ・ワーク等も有効なアクティブ・ラーニングの方法である。

ここでは、「アクティブ・ラーニング」を「能動的な」「参加を取り入れた教授・学習法」としています。

❷「主体的・対話的で深い学び」の登場

一方、アクティブ・ラーニングを小中高校に導入するとなって検討が重ねられるなかで、アクティブ・ラーニングを「主体的・対話的で深い学び」とし、「主体的な学び」・「対話的な学び」・「深い学び」の3つの視点から学習方法を考える方向が示されました(文献2)。

3つの学び

主体的な学び	学ぶことに興味や関心を持ち、自己のキャリア形成の方向性と関連づけながら、見通しを持って粘り強く取組み、自らの学習活動を振り返って次につなげる「主体的な学び」が実現できているか。
対話的な学び	子供同士の協働、教師や地域の人との対話、先哲の考え方を手掛かりに考えること等を通じ、自らの考えを広げ深める「対話的な学び」が実現できているか。
深い学び	習得・活用・探究の見通しのなかで、教科等の特質に応じた見方や考え方を働かせて思考・判断・表現し、学習内容の深い理解につなげる「深い学び」が実現できているか。

「主体的な学び」・「対話的な学び」はなんとなく理解できますが「深い学び」というのはよくわかりません。ともすれば「ディープ・ラーニング」という人工知能の学習方法と間違ってしまいそうです。

意味としては、新しく知った知識を既存の知識や体験と結びつけて理解することや、単純な記憶ではなく、身近な問題に適応するなど、より複雑な心の動きを伴う学びを指します。従来の学校教育でいう「思考・判断・表現」あるいは知識活用と結びつきのある考え方です。これは「主体的・対話的な学び」をグループ・ワークをしただけ、ディベートをしただけ、とかたちだけで終わらせないようにする「担保」の役割と考えるとよいでしょう。

アカデミックな見知からも補足をしましょう。大学教育研究者の溝上慎一はアクティブ・ラーニングを「一方的な知識伝達型講義を聴くという（受動的）学習を乗り越える意味での、あらゆる能動的な学習のこと。能動的な学習には、書く・話す・発表するなどの活動への関与と、そこで生じる認知プロセスの外

化を伴う」[文献3]と定義しています。

この定義で注意したいのが「認知プロセスの外化」です。体験学習理論では「体験」の後、「振り返り」を行なうことになります[文献4]。体験を通じて「感じたこと、考えたこと＝認知プロセス」を「振り返り＝話したり書いたりして外化する」ことを強調しています。これによって体験から知識を生み出すサイクルを作るのです[文献5]。

❸「生きる力」を実質化するために大切なこと

アクティブ・ラーニングを小中高校で導入する方針を文部科学省が打ち出すなか、さまざまな書籍が登場してきました[文献6]。あふれる情報が混乱を生み出し、道標として「主体的」「対話的」「深い」という３つの学びが生まれました。

とっつきやすい３項目ができたから、これらをチェックシート化すればいい。そんな安直なことを考えてはいけません。

本質は教育の改善です。自分たちの学校の教育をより良くしようと考えたとき、教師はさまざまな方法を授業に使います。現在の学校教育は、「生きる力」を子どもたちが身につけるため学びを深めてゆくことが必要とされています。このことを踏まえるなら、生きる力を実質化する、より良い教育を行なおうという教育改善の発想こそがアクティブ・ラーニング＝主体的・対話的で深い学びを導入する際の根本姿勢なのです。

「コミュニケーション能力」を座学で身につけることは可能でしょうか。「良いコミュニケーションとはどういうものか」を丸暗記することで社会性は高まるでしょうか。難しいです。だからといって、グループワークという方法をただだだ、導入したなら、ほんとうにコミュニケーション能力が高まるでしょうか。

ここで重要なことは、学習者が社会性を獲得できるように、「対話的学び」としてグループワークをどのように構築し、教師がコーディネートできるのか、「新しい学び」をいかに実質化するのかということです。

そのように考えたとき、「アクティブ・ラーニング＝主体的・対話的で深い

学び」を導入するというのは特定の方法を導入するものでもなく、また、特定の指導案を真似すればよいというものでもないことがわかります。

　重要なことは学校全体の学びにおいて「生きる力」を実質化するため、カリキュラムをデザインし、マネジメントする努力を、個々の教師、そして、学校全体が負うということなのです。

1) 2012年度文部科学省中央教育審議会答申「新たな未来を築くための大学教育の質的転換に向けて 一生涯学び続け、主体的に考える力を育成する大学へ一」用語集 http://www.mext.go.jp/component/b_menu/shingi/giji/__icsFiles/afieldfile/2012/03/28/1319067_2.pdf 閲覧：2017年2月25日

2) 2016年度　文部科学省 教育課程部会　高等学校部会（第2回）「主体的・対話的で深い学び（「アクティブ・ラーニング」の視点からの授業改善）について（イメージ）（案）」
http://www.mext.go.jp/b_menu/shingi/chukyo/chukyo3/075/siryo/__icsFiles/afieldfile/2016/05/30/1370945_8.pdf
閲覧：2017年2月25日

3) 溝上慎一（2014）『アクティブラーニングと教授学習パラダイムの転換』東信堂、p.7。

4) Kolb, D. A. (1984) *Experiential Learning: Experience as the Source of Learning and Development*, Prentice Hall

5) 「体験」から「知」を生み出す「省察」という概念に着目したショーンの議論を参照。ドナルド・A. ショーン（2007）『省察的実践とは何か―プロフェッショナルの行為と思考』柳沢昌一・三輪建二訳、鳳書房。

6) 西川純（2015）『すぐわかる！できる！アクティブ・ラーニング』学陽書房や小林昭文（2015）『アクティブラーニング入門アクティブ・ラーニングが授業と生徒を変える』産業能率大学出版部、など。

第1部 4 「学校外の学び」から考える

- 「アクティブ・ラーニング」のヒントは「学校外の学び」にたくさんあります。
- 「学校外の学び」からみると「学び」は「大人の世界への参加」を意味します。
- 「大人の世界」のスキルで「学校」の日常を変化させ、主体的・対話的で深い「学び」を実現させるのです。

❶「学校外の学び」から学ぶ

　学習方法を意識するからといって特定の方法に縛られる必要はない。しかし、参考になる方法は欲しい。これに応えてくれるものは、学校現場の外にあります。たとえば、多くの情報を整理する情報整理術は企業教育の現場に蓄積されています。コミュニケーション能力を高めたり、グループ全体のコミュニケーションを促したりする方法は心理カウンセリングや人間開発の分野で研究されてきました。

　また、近代社会において1人の教師による一斉授業というものが出来上がるより以前、つまり、「学校」というものができるよりも以前の社会では人びとは知識詰め込みとは異なる、より複雑で豊かな学びを体験してきたのです。

　こう考えると「学校以前の学び」や「学校外の学び」のなかにヒントが隠されていると考えるのは妥当でしょう。「生きる力」の実質化のためには、「学校」という閉ざされた世界から飛び出して、外に広がっている学びの世界へとアクセスする必要があるのです。

「学校」から飛び出せば
新しい「学び」の世界が広がるよ

❷ さまざまな「学校外の学び」

「学校外の学び」に、どのような実践があるのでしょうか。

「社会性」、とくにコミュニケーション能力をターゲットにしたものにはグループでのカウンセリング、グループエンカウンターといわれるものがあります。また、心理劇などの方法もあります。課題解決型学習として、たとえば、問題解決型学習（Problem Based Learning）などは企業教育や看護教育、医学教育などの成人教育の分野が蓄積を持っています。

これらの「学校外の学び」を学校という枠組みのなかでうまく組み入れている大学教育の蓄積もあります。グループで1つのプロジェクトに向き合い、リアルな文脈で問題解決を行なうプロジェクト型学習（Project Based Learning）などは大学の初年次教育（1回生向けの大学での学びの下地を作る教育）に取り入れられ、現在盛んに行なわれています。

ワークショップという方法も有力なアクティブ・ラーニングの方法です。これは市民活動や成人教育の流れをくむもの、あるいは博物館や美術館での鑑賞者教育などさまざまにあります。学校教育としては国際理解教育などのなかで用いられることがあります。

❸「学び」の捉え方を変える

　「学校外の学び」は新しい学習方法の宝庫である以上に、「学び」そのものの捉え方を変える契機になります。

　「正統的周辺参加」という理論に注目します(文献1)。この理論では、「学び」を「実践集団への参加」として捉えます。たとえば、あなたが大工になろうと思ったとします。まず、見習いから始まり徐々に職人としての仕事をさせてもらいながら、周囲の人びとに認められて、大工集団のなかで花形の仕事を学んでいきます。このとき、「学び」は知識や技術の習得以上の意味を持ちます。

　「正統的周辺参加」の「学び」は、学校の「学び」のあり方を根本的に見直すものです。学校での「学び」は社会と連結しており、学校が社会の周辺として存在するということです。

　「新しい学力」は変化する社会からの要望という側面があります。つまり、社会の側が学校に社会に適応的な人間を作って欲しいと要望してきたということです。このとき、「学び」というのは上級学校への進学の手段ではなく、その先にある大人の世界へのステップとして理解できるでしょう。学校は「大人」になるための階段、「参加」の入口なのです。

「学ぶ」ことは
「大人」の世界に近づくこと

❹ 社会のなかで必要なスキル

　このように考えたとき、「アクティブ・ラーニング＝主体的・対話的で深い学び」のイメージは大人の社会生活を思い出すとわかりやすくなります。コミュニケーション能力を鍛えることは大人においても重要な課題です。会社の研修で傾聴やアサーショントレーニングなどのトレーニングを受けることがあります。スケジュール管理なども大人の世界では重要なテクニックです。会議の仕方も重要です。これらは「新しい学力」における「社会性」を身につけるための学びにつながるのです。

　授業にこのようなトレーニングを導入してもよいでしょう。しかし、それだけを単に行なっても意味はないのです。学校での学習内容と絡ませながら、発達段階に合わせて修正し、学習方法として利用するのです。単純に大人社会のなかで行なわれている活動をそのまま取り入れるのではなくて、それらを学校という特殊な文脈に合うように手直しするのです。

会議スキルを取り入れれば、
静かだった学級会が、皆が活発に議論する場に大変身！

1）ジーン・レイヴ、エティエンヌ・ウェンガー（著）　福島真人（解説）(1993)『状況に埋め込まれた学習 —正統的周辺参加』佐伯胖、産業図書。

「ファシリテーション」を使います。

❶ 教師に必要な力

「アクティブ・ラーニング＝主体的・対話的で深い学び」を授業で実現するために、教師に必要な2つの力があります。

1つは授業を「デザイン」する力です。従来、授業を作るというと教師がどのようにしゃべって、黒板にどう板書して授業を進めるのかということが中心になっていました。しかし、アクティブ・ラーニング型の授業では学習者がその時間、何をどのような手順でどこまでするのかということをデザインしなくてはいけません。つまり、学習者の台本を作る必要があるのです。

もう1つ大切な力は、学習者がデザインされた授業のなかで活動に取り組んで体験を深めているか、観察しながら、適宜「ファシリテーション」するという能力です。

❷「デザイン」は論理と想像力を使って

　アクティブ・ラーニング型授業をデザインすることは学習者の台本作りです。このとき、重要なのは学習者になりきって、自分の描いた台本を何度もイメージすることが大切です。

　対象となる学習者がどのような知識を事前に持っていて、どのような関心を抱いているのか。授業のなかでどのような感情の動きや興味関心の変化を体験することになるのか。

　これらの変化は教師によってもたらされるのではなくて、学習者自身がその授業内で行なう活動や体験によって生じるものです。

　この体験をすれば学習者はこのように感じるだろう、このような考えを起こすだろうと「想像」をしながらで授業を作っていきます。

　一方で授業＝学習者の台本は、後で示す学習目標、学習内容、評価など、ロジカルな授業デザインの骨組みを使って作っていく論理的なものでもあるのです。

❸「ファシリテーション」とは何か

　授業をいくらうまく「デザイン」したからといって、本当に学習者が思ったように動いてくれて、こちらが期待したことを感じ考えてくれるかというと、そう簡単にはいきません。

　教室中の雰囲気やグループでの関係性、活動との相性や興味・関心、これまで培ってきた知識や技術の個人間の違い、このようなことが原因になって学習活動がうまくいかないことがあります。

　学習者によってはグループでの活動において不適応反応が生じる場合もあります。たとえば、会話をまったくしなかったり、机にうつ伏せになって眠ったりするということもままあります。あるいは議論をする場面において無関係なことで、はしゃいでしまうということもあるでしょう。

　「ファシリテーション」というのは、授業やワークにおいて期待される活動

や学びを促進するものです。しかし、それは学習者にその活動をするように怒ったり、なだめすかしたりするということではありません。学習者の既存の興味関心や知識に合わせてヒントを出したり、ときには活動の内容や課題を変更したり、自然なかたちで行なうのです。

「デザイン」は論理と想像力を使って、
「ファシリテーション」はハートを使って

6 「探究活動」とは何か？

- 「探究活動」とは「子ども版　研究活動」です。
- 高大接続で「探究活動」は重要な要素になってきています。
- また、「探究活動」で培った能力＝「生きる力」を測るような新しい入試改革が動いています。

❶ 出発は「自由研究」

　さて、「新しい学び」一般の説明はここまでとして、本書のメインテーマである「探究活動（探究的な学習）」に目を向けましょう。

　探究活動は小中高校で実施される「総合的な学習の時間」における学習活動のことを言います。現行の学習指導要領の説明は、いささか抽象的で捉えにくいところがあります。

　そのためか探究活動や探究的な学習と銘打ってさまざまな実践が生まれてきましたが、まとまりのあるイメージがうまく出来上がっていなかったのが現状です。現在、「生活科」や「総合学習」の延長にこの活動が位置づけられていますが(文献1)、やや理念的かもしれません。もう少し具体的に捉えられる「比喩」はないでしょうか。

　もともと、日本における「総合学習」の源流は大正時代の「新教育」や「自由教育」という、経験を重視した教育運動です。たとえば、東京にある自由学園という学校では「食育」など、「生活」を軸とした経験主義教育が今も息づ

いています。

　大正時代にも知識詰め込み一斉授業ではない、「新しい学び」に似た教育運動があったのです。「大正自由教育」は今も継承され、年季の入ったカリキュラムが実際に存在します。

　このような「自由教育」は戦後、「詰め込み教育」が開始されるまでのしばらくの期間、再び注目を集めます。「コアカリキュラム」などの教育運動が活発になるなかで、「学習指導要領（試案）」のなかに「自由研究」という授業が登場します(文献2)。

　この「自由研究」という授業、内容は多岐にわたるのですが、そのなかに現代の「夏休みの自由研究」を彷彿とさせるような、子ども自身がテーマを見つけてそれについて研究を行なう、まさに探究活動が存在したのです。

❷「子ども版　研究活動」としての「探究活動」、そして「高大連携」

　文部科学省により2002年度から始まったSSH（スーパーサイエンスハイスクール）事業では「小さな科学者」つまり、将来の科学者育成のため、指定された学校に助成金が支給されています(文献3)。これによって、高校現場に高額な機材や大学教員・院生の補助が入るようになり、「自由研究」は文字通り大人顔負けの「研究活動」へと昇格することになったのです。

　現在では理系の学会の多くにジュニアセッションや高校生セッションが併設され、探究ポスターを前に子どもたちが一流の研究者とセッションを行なう、探究活動の発表の場が生まれています。こう考えたとき、探究活動の最前線は子ども版　研究活動と呼べる状況になっていることがわかります。

　各地のSSH指定校を中心に探究活動を軸にした高校と大学の連携、つまり、「高大連携」も進んでいます。たとえば、化学の探究活動をした生徒がその分野の専門家のもとで更なる調査を行なうために指導を受けるなどです。また、組織的に、各研究室に配属して１人ひとりの生徒に大学の指導教員をつけ、探究活動を行なう取り組みもあります。大学側が探究発表大会を主催して、研究

者と生徒たちの出会いの場をセッティングすることもあります。

　学校現場にとって研究活動は未知のものですが、ニーズのあるものです。一方の大学にとっては普段行なっている仕事です。高大連携の糸口として探究活動は実施しやすい取り組みなのです。

　このような探究活動ですが、現在は高校2年生でやめてしまう学校もあります。高校3年生では「探究活動」をしないというのです。これは受験との関係があります。大学受験の3年生は「探究活動」ではなく「受験勉強」をせよ、ということのようです。しかし、多くの学校では、3年連続の活動が展開されています。これは探究活動をはじめとしたアクティブ・ラーニングによって培われた学力を測りたいという新しい「高大接続」（新しいセンター試験）の趣旨に合致するものです[文献4]。

1）浅沼茂（編纂）(2008)『「探究型」学習をどう進めるか―学習の創造的発展と問題解決力の育成』教育開発研究所や福岡教育大学附属小倉小学校(2010)『自己を磨く子どもを育てる―探究型学習のススメ』明治図書出版など。
2）山本隆大・野田敦敬(2012)「昭和22年度学習指導要領（試案）教科『自由研究』から見る探究活動の課題について」『愛知教育大学研究報告　教育科学編（61）』、pp.1-8。
3）科学技術振興機構　理数学習推進部「スーパーサイエンスハイスクール」
https://ssh.jst.go.jp　閲覧：2017年2月25日
4）高大接続システム改革会議（第13回）「最終報告（案）」
http://www.mext.go.jp/b_menu/shingi/chousa/shougai/033/shiryo/__icsFiles/afieldfile/2016/03/11/1368333_6.pdf　閲覧：2017年2月25日

第1部 7 探究活動の2つのカリキュラムモデル

- 「探究」カリキュラムには1、2年生「探究活動」、3年生「受験勉強」と階層性を持つ「二階建て」モデルと3年連続「探究活動」の「吹き抜け」モデルが考えられます。

- 「生涯学習」はシームレスな学びです。そのため、「吹き抜け」モデルが理想的です。

- 2020年の入試改革に向けて、現場には「探究」カリキュラムの見直しが求められています。

❶ カリキュラムの「二階建て」モデル と「吹き抜け」モデル

　前章末で触れましたが、この探究活動を高校3年間のカリキュラムとしてどう取り入れるのか、判断が分かれるところです。ここでは2つの代表的なモデルを紹介します。

　1つは「二階建て」モデルです。これは現在の高校に最も適応したものです。

　二階建ての一階に当たるのは1年生と2年生の授業です。よくあるスタイルとして、1年生では探究活動のライティングなどのスキルベースの準備段階授業が行なわれます。

　2年生（ないしは1年生の後半）から、自分の興味・関心に沿ってゼミ＝少人数クラスに割り当てられ、課題研究が始まります。このときの活動単位は個人ないしは4人程度のグループです。中間発表等を秋ごろに行ない、レポートを作成して完結という流れです。

　このモデルですと二階にあたる3年生次には受験勉強に専念できますので、知識詰め込み型の現在の大学入試に対して準備時間が取れる算段になっていま

す。カリキュラムが断絶されていますが、建前上、「1、2年生で自分自身の興味関心を明確にした生徒たちは進学意識を高め、3年生の受験勉強に打ち込んでいく」わけで大きな問題は一見ありません。

　他方でこの「二階建て」とは違う、階層性のない「吹き抜け」モデルも存在します。このモデルでは3年間連続で探究活動を行なうのです。たとえば、実業高校等の「課題研究」がこれにあたります。ここでの課題研究とは「卒業研究」のような意味合いがあり、専門カリキュラムの最終地点＝3年間の集大成として存在するのです。

　専門カリキュラムの集大成として存在する、つまり、「総合的な学習の時間」だけではない一般の教科教育もまきこんだ複雑なカリキュラム構造があるため、「二階建て」モデルのようにわかりやすい学習の流れを明示することは難しいです。さらに3年生の進路選択と卒業研究が重なるので、3年次の授業設定など、細かな工夫が生じ、学校ごとにさまざまな戦略が存在します。

❷「新しい学び」はシームレス

　臨時教育審議会以降の「新しい学び」は「生涯学習」という発想をベースにしています。「生涯学習」には小さな子どもから高齢者まで、つまり、生まれてから死ぬまでの間、人は学び続け変容し続けるという基本的な考え方があります。一方でこのようなことが強調されるのは、人は学ぶことや変容することをやめる、ないしはそのようなことを意識的にしなくなるという現実があるからです。

　小中高校の学習活動は「生涯学習」の基盤を作り上げるものです。学ぶことへの意欲や学び方を習得するということ。自律性や社会性というものも、自分を持った個人が社会のなかで自分自身の体験や他者との交流を通じて学び続けるための基盤として理解できるでしょう。

　小中高校の「学び」もまた「生涯学習」であるとすれば、人生が間断なく続くように、「生きる力」を育成する学習活動も、シームレスでなければならないと考えられます。このような観点から考えれば吹き抜けモデルの探究活動の

方が推奨されるべきであるというのはよくわかることです。

　もともと「二階建て」モデルが説得力を持つ背景には現行の知識詰め込み型の受験が存在します。現在の受験は勉強しただけ得点が上がる「銀行型」の勉強(文献1)の典型例です。受験勉強に割く時間が多ければ多いほどに点数が上がる……というのは誇張ですが、受験にはかなりの準備が必要なのは事実です。

　しかし、この大学受験が2020年に大変革を迎えようとしています。センター試験が新しくなり、記述問題の導入など単純な「知識・技能」の暗記だけではなく、「知識・技能」の応用や「表現・判断」まで測れないかという試みがなされています。また、国立大学の二次試験は従来、記述問題が中心でしたが、これからは面接や調査書、志望理由書なども加味した学習への意欲や態度を測るものに変更するように、と求められています。

　このような入試改革は「生きる力」を学校現場に浸透させるための方法として考えられます。つまり、「生きる力」を測る入試方法として新しいセンター試験や二次試験が作られようとしているということです。このような試みが成功すれば「生涯学習」を念頭においた「生きる力」をベースにしたシームレスな学びの接続が可能になるでしょう。

❸ カリキュラムをどのように作り直すのか？

　「生きる力」を育む目的で生まれた教科が「総合的な学習の時間」であり、その時間の学習方法として編み出されたのが「探究活動」。

　このように考えるなら、探究活動は3年連続でやり遂げた方がよいとなるでしょう。「受験前日にレポートの締め切り」がある、となると試験準備はできませんから、3年生の夏ごろまでには一定の学びのピークを迎えることになるかもしれません。

　問題は「二階建て」か「吹き抜け」かという単純な話ではありません。「吹き抜け」モデルを採用したとき、1、2、3年生の連続性のなかでどのように学習者を成長させるのかということ、さらには「生きる力」を育成するアクティブ・ラーニングの方法をどのように他の教科に散りばめながら「総合的な学習

の時間」に接続するのか、そして、それを新しい大学入試にどのようにして活かすのかということなのです。もちろん、「二階建て」モデルでも新しい環境への適応は可能かもしれません。しかし、環境が変化することは新しい適応の仕方を求められるということです。新センター、そして新学習指導要項がやってくるなかで各学校ではカリキュラムの見直しが求められるのです。

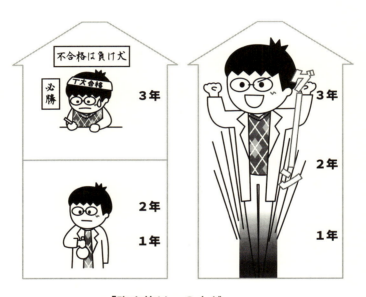

「吹き抜け」の方が
一直線に昇って行けるよ

---

1) パウロ・フレイレの「銀行型教育」を参照。パウロ・フレイレ（2011）『被抑圧者の教育』三砂ちづる訳、亜紀書房。

第1部 8 「探究」カリキュラムの3段階モデル

- 「探究活動」を段階で分けてみると「準備」段階、「課題研究」段階に分かれます。「準備」段階は「課題研究」をするためのスキルや知識を身につける段階です。

- さらに「課題研究」段階は「課題設定」と「課題検証」に分けられます。

- 学習者のオリジナリティや主体性が発揮される「課題設定」で重要なのは「仮説」作りですが論理的思考力だけではない、創造性も必要なプロセスとなります。

❶「探究活動」の3段階構造

　「吹き抜け」モデルを念頭に、探究活動の授業カリキュラム（以下、「探究」カリキュラム）として理想的な構造はどのように考えられるでしょうか。

　探究活動の最終目的地は「課題研究」として1人ないしはグループで研究活動を行なうことです。問題はその前段階です。突然、「課題研究をせよ」と言われても難しいでしょう。大学生でも卒業研究の前にその準備段階の授業を3年近く受講するのです。当然ながら課題研究の前には準備として、課題研究を行なうための「スキル（技能）」を身につける授業あるいは課題研究の題材となる「知識」を理解・獲得する授業が必要です。

　このような「準備」段階と「課題研究」段階の2段階があるのです。

　しかし、じつは「課題研究」の内部にも、もう2層の構造が考えられるのです。課題研究は学習者自身が「課題」を設定することがあります。「課題」には学習者の主体性やオリジナリティが出るため、その後の検証の前に課題を設定する時間をきちんと取ることが重要になります。これを「課題設定」段階と呼び

ましょう。

　そう考えると「探究活動」は、「準備」段階（「知識習得」／「スキル習得」）
―課題研究段階（「課題設定」―「課題検証」）という３段階構造のカリキュラ
ムが構想されるのです。

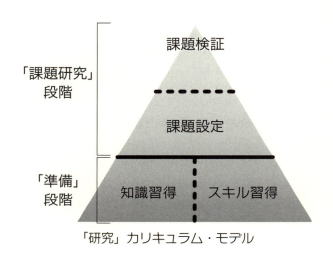

「研究」カリキュラム・モデル

❷「課題設定」と「仮説」を作ること

　探究活動で学習者がつまずきがちなのは、「課題設定」の段階です。この課
題設定とはどういうものなのでしょうか。単純に自分の探究テーマを決めるこ
となのでしょうか。エネルギー問題が話題だから課題を「太陽光発電」と決め
て、それで課題設定といえるのでしょうか。まだまだ不十分です。

　課題設定というのは探究活動を行なううえでの「問題設定」のことです。そ
こでは先行研究をレビューしながら、ある事柄についてわかっていることとわ
かっていないことを明確にし、わかっていないことを提示し、それが検証する
に値することを説得的に語らなければいけません。

　そのうえでそのわかっていないことを検証していくのですが、ここで導入さ
れるのが「仮説」というものです。

　たとえば、「太陽光電池」の素材に使われているＡという物質は高価である

ことがわかっている。そこで、より安価なBという物質を用いるとコスト面で優位になると仮説を立てたとします。ここでの探究活動の目的はこの仮説の検証になるでしょう。そうなるとAという素材とBという素材で作った太陽光電池の発電量を比較し、コストパフォーマンスを導き出し、仮説が正しかったか、検証することができます。

❸「仮説」を考えるのは難しい

　このように「仮説」を用いることにより探究活動がしやすくなるわけです。しかしながら、仮説を考えるというのは大人にとっても難しいことなのです。

　仮説を検証するというのは非常に論理的で科学的なプロセスです。一方の仮説を生み出すというのはじつは論理的というよりは飛躍的であり、創造的なプロセスなのです。

　外に出たときに地面が濡れていた。そういえば、雨が降ると地面が濡れるなとあなたは考えます。今、目の前の地面が濡れています。そこで、雨が降ったのかなと推測します。

　あなたが持っている仮説は「今さっき雨が降った」ことです。しかしこの仮説を導き出したプロセスは論理的なものではありません。なぜなら地面が濡れるのは必ずしも雨が降ることによってのみではないからです。隣の人が水をまいたのかもしれません。

　このように目の前で起きた現象を説明するために仮説を導き出す方法を「アブダクション」[文献1]といいます。仮説を作るというのは、飛躍的で創造的な思考を求めるのです。

1）米盛裕二（2007）『アブダクション―仮説と発見の論理』勁草書房

9 「調べ学習」と探究活動をつなげる

- 十分な「探究活動」ができない場合、「調べ学習」を充実させることで「探究活動」につなげることができます。

- 重要なことは「調べ学習」で調べた内容をもとに学習者に「考えさせること」です。そのため、教師は学習者に問いを投げかけ続けます。

- 自ら考える「考察」が厚みを増していくと、それが「仮説」作りの基盤となっていきます。

❶「探究活動」入門者の道標

　理想的な探究活動の構造を考えてきましたが、このような理想を実施するうえで目指すところは、やはり、「課題検証」。つまり、大学の先生や企業の研究者が行なうような問題解決なのですが、勢い勇んで提案しても、「うちの学校には実験装置も実験を指導できる人間もいないよ」と一蹴されることがほとんどでしょう。

　先進的な取り組みを行なう学校のように、最初から高度な課題検証的な課題研究ができるというのは難易度が高いのです。できる範囲で、できる限りで行なうことになるのですが、教育系の学会や研究会で発表されるのは見栄えのよい高度な実践報告ばかりです。新参教師への道標はなかなかありません。

　本書でも課題研究に向けたカリキュラム設計を説明していますが、その前に調べたことをまとめる学習活動である「調べ学習」から始めたいという方もいらっしゃるでしょう。その方たちのためにどのように「調べ学習」を「探究活動」に連結するのか、ご提案します。

❷「調べ学習」の陥りやすい失敗

　探究活動の理想として、「仮説」を作り出し、それを検証する「課題研究」を中心としたカリキュラムが存在するとしましょう。その段階に至るまでの導入しやすい学習方法に「調べ学習」、調査した内容をポスターやレポートにまとめるという取り組みがあります。これは小学校や中学校でも行なわれているものです。

　この調べ学習で陥りがちな失敗はまさに「調べたものを貼っただけ」という状況です。

　有名進学校の探究活動発表会でこのようなポスターがずらりと並んだ光景に遭遇したことがあります。地域の河川について調べたポスターがあったのですがインターネットで拾った情報のコピー＆ペーストで作られており、最後の「考察」には「生活排水を直接流さないようにしたい」とだけしか書かれていませんでした。

❸ 自ら考える「考察」、そして、「仮説」作りへ

　このような「何も考えていないことが明らかな学習」は、文部科学省の言う「深い学び」の対岸にある、まさに「浅い学び」の典型です。

　これを回避するためには「考察」を重視し学習者の「深い学び」を促します。たとえ、適当に調べた情報であっても、学習者たちにはなんらかの関心や疑問があったはずです。その関心や疑問に沿った、自分たちなりの「考察」が厚く書かれているか、検討します。

　指導方法としては、調べ学習の中間発表会等で、「なぜ、この内容を調べたのか」、「この内容にはどのような価値があるのか」と関心や疑問がクリアになるような問いをぶつけ、「調べて何が分かったのか」、「何を考えたのか」と考察を促す問いで学習者を追い込むとよいでしょう。

　さらに翻って、このような問いを念頭にした単元初期からの指導が重要になります。事前に中間発表会等でこのような問いをぶつけると知らせ、想定問答

集のようなものを作らせるとよいかもしれません。
　こうすれば、調べ学習は単なる「調べ物」から調べた材料で「自ら考える」機会となるのです。
　自ら考える「考察」を発展させれば、おのずから探究活動の「仮説」作りへとつながっていきます。前章でも述べたように「課題設定」や「仮説」作りは難しい取り組みです。調べ学習を極めれば、このような探究活動のある種の「肝」を学ぶことにつながるのです。

第2部 カリキュラムを「デザイン」する
——学びの「作り方」

　教科書のない学習活動、それが「探究活動」です。授業作りはカリキュラムをデザインするところから始まります。しかし、教科書もない授業を作るというのはなかなか至難の業。教育方法や学修支援の基本的な知識を理解しておかないと難しく感じるでしょう。
　第2部では「探究」カリキュラムをデザインするために必要な教育方法・学修支援の基礎知識を説明します。また、最後にはカリキュラム作りの実際を掲載します。

第2部 1 一貫したカリキュラムを作ろう

- 「探究」カリキュラムをデザインする際、「あれもこれも」の「総花主義」になりがちです。

- 一貫性を持たせるためにもこの学校がどのような学習者を育てたいのか、どのように育てたいのかを明確にした「ポリシー」を持つ必要があります。

❶ 「総花主義」にならないように

　探究活動のカリキュラムを作るときの落とし穴。それは授業にいろいろな要素をつめ込んでしまって何をやっているのかわからなくなるということです。

　科学に興味があるというわけではない高校生たちを対象としている場合、同じことばかりやっていては飽きてしまう。先生たちはあの手この手で学習者の興味を引くために授業をイ・ベ・ン・ト・化・していき、何が何やらわからなくなってしまう。このようなことが多くないでしょうか。

　たとえば、外国人との交流活動があったかと思えば調べ学習を始めたり、スキルトレーニングとしてレポートの書き方を学んだと思ったら突然、実験を行なったり……。そのようなことが1年間、目白押しになって最後の集大成として何があるのかと思ったら、なぜか演劇をしたり。

　たしかに一個一個の活動は興味を惹かれるものです。しかし、1年間を通して、あるいは2年間、3年間を通してこの学校が学習者にどんな力をつけたいのかわからない。このようなカリキュラムに出合うことがたまにあります。

演劇に、国際コミュニケーションに、ボランティアに……
一体、この授業は何がしたいんだ!?

❷ カリキュラムは一貫性を持って

　このような総花主義を回避するために、カリキュラムをデザインするときに自分たちは学習者をどのように成長させたいのかを考えます。それは学習者にどのような力をつけたいのかということです。

　このようなことを含めたカリキュラム設計上の方針を「カリキュラム・ポリシー」と呼ぶことがあります。カリキュラム・ポリシーを明確にすることにより授業を一貫したものとして作り上げることができるのです。

　たとえば、小さな科学者の養成を目的とした研究指定校（SSHなど）は、１年生のときにはライティングや実験の練習などのスキルベースのトレーニングを行ないます。そして、２年生や３年生においてはグループや個人で特定のテーマで「課題研究」を行ないます。

　スキルトレーニングは全体で一斉に行ないます。しかし、課題研究はいわゆる大学のゼミナールのようなものとして、個々の先生たちのもとで授業が行なわれるのです。ゼミのなかで探究活動を行なうためにどのような力をつけなく

てはいけないのか。その観点から1年生のカリキュラムが組まれていくことによって全体の一貫性が確保されるのです。

❸「ポリシー」を持とう

　「カリキュラム・ポリシー」とはもともとは高等教育の用語です。
　最近の学校教育改革では大学教育（高等教育）がリードする役割を演じています。「アクティブ・ラーニング」の語もそうですし、学習指導要領改訂の背景にいる教育学者にも高等教育研究者がいます。
　大学教育改革を行なったとき、教育学者たちは経営者（理事長や学部長）に対して3つのポリシーを明確にするように言いました。まず、どのような学生を受け入れるのか＝合格基準としての「アドミッション・ポリシー」、次に、どのような基準で学位を授与するのか＝卒業基準としての「ディプロマ・ポリシー」、最後にどのような教育をどのように実施するのかという「カリキュラム・ポリシー」。
　前項に示した「カリキュラム・ポリシー」は「ディプロマ・ポリシー」である「つけたい学力」を含めたものとしています。
　「アドミッション・ポリシー」や「カリキュラム・ポリシー」、「ディプロマ・ポリシー」は学校経営上、明確にするとよいでしょう。そうすれば入試問題の作成も、卒業認定も、授業カリキュラムも一元的に整理することができるからです。ただし、義務教育である小中学校では「アドミッション・ポリシー」は不要かもしれません。

column

学習指導要領改訂と「カリキュラム・マネジメント」

　学習指導要領の改訂は文部科学省の中央教育審議会の「教育課程部会」で行なわれています。2016年の8月に改訂に向けた論点整理」を提出、同時期に主要メンバーや部会の理論的支柱である研究者たちが同時期に『「アクティブ・ラーニング」を考える』（教育課程研究会編、東洋館出版社）という書籍を発表し、改訂の方向性についての説明を行なっています。

　「アクティブ・ラーニング」の他にも、「深い学び」や「カリキュラム・マネジメント」などの新しい概念が登場し、21世紀初頭の本邦教育学の総まとめという色合いもあります。

　このなかで取り上げたいのは「カリキュラム・マネジメント」という概念です。「論点整理」では、「学習指導要領等を受け止めつつ、子どもたちの姿や地域の実情等を踏まえて、各学校が設定する教育目標を実現するために、学習指導要領等に基づきどのような教育課程を編成し、どのようにそれを実施・評価し改善していくのか」ということを「カリキュラム・マネジメント」の問題とし、次の3つの観点を提示します。「学校の学習目標をもとに学習内容を組織的に整理していくこと」、「教育内容の質向上のため調査を行ない、評価を行ない、それに基づいた改善行動をとること」、「学習内容と必要な人的物的資源を活用、効果的に組み合わせること」。

　つまりは「学習内容を一貫したものにして、学校の学習活動を自己調査・自己改善し、人的物的資源、つまり、ヒト・モノ・カネを適切に分配せよ」というとこでしょうか。

　一般的な組織としては当たり前のことですが、改めて協調されるということはこれまで日本の学校では組織的教育がうまくいってこなかったということでしょうか。教員の個性頼みの授業、一部の心ある人たちの教育改善運動、権限が弱く十分にリーダーシップを発揮できない管理職……。

　新学習指導要領の方向性は、学校組織全体を一体化させ文部科学省が提唱する「新しい学び」を実質化するものです。1980年代の臨教審からここまで30年近くかかったことが日本の教育現場の「難しさ」を物語るとともに、今回の改革がトップダウン的権威性を帯びていることを示しています。

2 「学習目標」から考える
―― カリキュラム作りの手順

- 「探究」カリキュラムをデザインする際、「大きな学習目標」（「一般目標」）から出発して目に見える「小さな学習目標」（「行動目標」）、そしてそれを達成するための「学習内容」を考えます。

- それら細切れの「小さな目標」―「学習内容」のカップリングを統合するために「課題研究」があります。

- カリキュラムの骨組みが一貫していても学習者の体験が一貫していないといけません。

❶「目標」を立て、「内容」を作る

　探究活動（総合的な学習の時間）には教科書がないため一から授業をデザインしないといけません。それも前章に示したように「一貫したもの」が必要です。

　カリキュラム作りの手順を考えるため、ここでは、3年連続の「吹き抜け」モデルの探究活動の授業を作るとします。

　このとき、何をしないといけないでしょうか。

　まず、探究活動を通じてどのような学習者を育てたいか、「大きな学習目標」を立てます。たとえば、「自律した学習者」や「探究力を持った学習者」を育てるなどです。

　これを正式な学習目標に変換しますが、ポイントは主語です。学習目標の主語は学習者です。手直しをして、次のようにします。「学習者は自律して学ぶことができる」、「学習者は探究力を修得している」。これが「一般目標」です。

　後者の目標に絞ってみてみましょう。

　次の仕事は一般目標に掲げられた「探究力」とはどのようなものかを考えます。

その際、実際に目に見えて観察できるレベルでさまざまな項目を挙げていきます。たとえば「実験計画を述べられる」、「実験器具が取り扱える」、「実験計画を工夫できる」、「結果をまとめることができる」……。

このような観察可能な目標のことを「行動目標」と言います。行動目標ではあくまでも観察可能な行動ですので、「知っている」とか「感じている」などの外部からは見えにくい状態を目標とはできないのです。

「一般目標」と「行動目標」の文末例(文献1)

一般目標	知る	認識する	感じる	身につける	修得する
行動目標	述べる	説明する	協力する	工夫する	

行動目標をいくつか挙げると1つひとつの目標を達成するため、「学習内容＝授業」を考えます。たとえば、「論理的な文章を書くことができる」という行動目標に対しては「ライティング」の授業を実施するのが有効でしょう。

「論理的な文章が書けるかどうか」が問われるのですから、まずはどのような文章が論理的であり、どのような文章組み立てが適切であるのか、レクチャーが必要です。このレクチャーの後に実際に文章を書く、簡単な課題を行ないます。その後簡単な課題を繰り返して、最終的な課題にチャレンジをし、どこまで論理的な文章が書けるようになったかを判断します。

❷「目標」と「内容」のピラミッドを作り、カリキュラムを「可視化」する

行動目標で学習目標を立ててしまうと、表面上で判断できることばかりに注目してしまい、学習者の心のなかで起きていることが捉えにくくなります。たとえば、「科学的な思考力を持っている」というのは外部からの観察では直接にはわかりません。このような場合、学習者の心を測る方法を考えます。たとえば、「科学的な思考力」テストを開発し、実施するなどです。

とはいえ、外部から観察できない状態を学習者の言動から読み取ることは難しいです。このように授業を作るのに慣れない段階としてはあくまでも行動目標で考えたほうが無難です。たとえば「科学的な知識を理解している」ではなく、「科学的な知識を理解し、説明できる」というふうに設定すれば、特定の科学的知識を問うようなレポート課題を出すことで学習目標の達成状態が評価できます。

以上のように授業をデザインしていくと一般目標を頂上とし、その下に「行動目標」と「学習内容」がぶら下がるピラミッドができます。

こうしてカリキュラムの設計図が完成します。このピラミッドができるとカリキュラムの可視化がすすみ、担当者同士での共有がはかどり、学習者への説明も簡単にできます。

カリキュラムの可視化の例

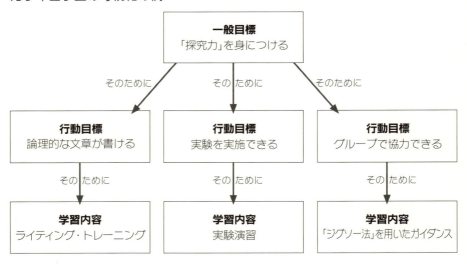

❸ 個々の授業を統合する「課題研究」

「一般目標」に連結された、個々の授業をクリアすることで学習者は目指すべき方向に近づきます。しかし、個々の細切れの授業をクリアできただけでは、

一般目標が達成されたとはいえません。個々の学力が統合されることで、つまり、実際の文脈のなかでそれぞれの学力が結合され有効に発揮されたときにこそ、一般目標が達成されたと考えられるからです。

これらの個々の学力＝目標を統合し大きな学習目標＝一般目標を身につけたかどうか、確認することができる活動、つまり、「パフォーマンス」^(文献2)を重視した活動を行なう必要が出てきます。

探究活動ではこれが「課題研究」にあたります。課題研究を行なうためにはどのようなスキルが必要なのか、と考えていけば「準備」段階の授業ができあがっていくのです。

ここで大切なのは、この探究活動を通してどのような学力をつけたいかということです。

たとえば探究活動で科学者と同じような学力をつけたいなら、実験による検証を重視するとよいと考えられます。しかし、探究活動を通して「社会性」を身につけたいと考えるならば、実験よりも結果を発表したり聴衆と結果について議論したりすることを重視するのが妥当でしょう。また、探究活動を通して「発想力（創造性）」をつけたいと考えるなら、検証する仮説を作ること、いわゆる「課題設定」に重点を置くでしょう。

❺ 学習者の体験を「想像」する

「学習目標」を掲げ、「学習内容」をそれに沿わせながら全体をつなげていくことでピラミッド型のカリキュラム設計図が明らかになります。

このとき、紙の上で授業を作ってしまうのでどうしても学習者がそれぞれの授業でどのようなことを考え、不安になり、気持ちが高ぶり、成長を実感したり挫折をしたり……というリアリティーが失われがちです。

カリキュラムをデザインする際には学習者がどのような体験をするのか、どのように心が変化しているのかを「想像」することが大切です。また、紙の上では一貫性があっても、体験としてのつながりが弱ければバラバラの授業に感じられることもあります。

カリキュラムの骨は論理的にデザインして、
カリキュラムの中身は想像力でデザインして

1) 山口大学教員能力開発 (FD) 委員会制作「山口大学FD ハンドブック　シラバスの作成」の表2「行動目標の記述に用いられる行為動詞の例」から抜粋
　http://www.epc.yamaguchi-u.ac.jp/FD_handbook1.pdf　閲覧：2017年2月25日
2) 西岡加名恵（2016）『教科と総合学習のカリキュラム設計―パフォーマンス評価をどう活かすか』図書文化社、など。

第2部 3 「工学」と「羅生門」
——カリキュラムを作る視点

- 「探究活動」の「準備」段階は全員に同じスキルをつけさせるため「工学的アプローチ」で授業を作るとよいでしょう。

- 一方の「課題研究」段階では個々人のオリジナリティや個別の成長にフォーカスが当たるので「羅生門的アプローチ」をとるとよいでしょう。

- 両者のアプローチを折衷的に用いることで「探究」カリキュラムは構築されます。

❶ 授業作りの基本となる「工学的アプローチ」

　授業作りの基本視点は「工学的アプローチ」と呼ばれるものです。これは前章で示したような一般目標を掲げて、それを達成するためにどのような行動目標が下位に存在するのか考え、学習内容や評価方法を考えるやり方です。

　つまり、授業の前に全体の設計図を描くアプローチ方法です。「工学的」という言葉が示すように機械の設計のように授業の設計図を描くわけです。

　これは単に設計図だけの話ではありません。設計図を描いて授業を組み立て、授業がその設計図通りうまくいっているか、つまり当初の目的を達成しているかどうかをチェックする必要があります。

　このアプローチが有効な場面は、大勢の担当者が一斉に同じ授業を行なう場合、また、均一の能力を複数の学習者につけたいときです。探究活動でいうと準備段階はこのアプローチが向いています。というのも学習者はその後の課題研究で個性や個別性を出すために基礎が必要だからです。

❷ 個別性を重視する「羅生門的アプローチ」

　これに対してもう１つの授業作りの方法があります。それは「羅生門的アプローチ」と呼ばれるものです。ここで掲げられる「学習目標」は「一般目標」だけで、その下にある「行動目標」は事前には考えられません。授業の内容は教師による創造性に委ねられ、あくまでも大きな枠組みが決められるに過ぎません。そこでは個々の先生の考えや学習者の状況や希望が強く反映されます。いわいるゼミ形式です。

　この「羅生門」とは、芥川龍之介「籔の中」原作の映画「羅生門」のことです。この作品は１つの事件をさまざまな人びとが異なる視点から語ることによって、矛盾した１つの現実を明らかにするものです。羅生門的アプローチにおいて学習活動は自然現象のような１つの確固たる存在ではありません。（学習者自身も含めた）見る人によって学習活動のあり方や学習者がどのように成長したかは変わってくるのです。

　このアプローチが示唆することは個々人の学びにフォーカスを当てたとき、その成長はさまざまであり、それぞれに矛盾した結果を生み出すということです。このアプローチでは個々人がどのような能力を獲得したのかは授業担当者だけではなく、本人や周りの学習者たちの語り、さまざまな作品、途中の作成物から構成していく評価方法になっていくでしょう。探究活動でいうと課題研究の段階がこれにあたります。この段階では学習者の個性や個別性が花開き、大きな学びの方向性が同じでも微妙にその成長は違ってくるのです。

２つのアプローチ (文献1)

	工学的アプローチ	羅生門的アプローチ
授業作り	一般目標 → 行動目標 → 学習内容	一般目標 → 創造的教授・学習活動
評　価	目標に準拠した評価 → 評価の枠組み → テスト	目標にとらわれない評価 → さまざまな視点 → 記述
教　材	教材のプールからサンプルし、計画的に配置せよ	教えているなかで教材の価値を発見せよ

column 「教育」は後からやって来る

　複数担当で大人数が受ける授業を作るときは工学的アプローチ、一人の担当で少人数の授業を作るときは羅生門的アプローチ、このように考えるとよいかもしれません。

　元来、2つのアプローチは総合学習をどのように評価するのかという議論から生まれたものです。総合学習では基本的には羅生門的アプローチを採用したほうがよいといわれています。実際、「総合的な学習の時間」の指導要録は記述式の評価になっています（個別での記述式の評価を実施するは教員の負担という観点から厳しいのが現実ですが）。

　羅生門的アプローチの良いところは、学習者個人を見ることにより自分たちの活動がどのように成長を促すのか、教師自ら知れることです。

　工学的アプローチは学習者をこのようにしたいという教師の思いがつねに前に出ます。一方、羅生門的アプローチでは自分たちの活動がどのような意味を持っていたのか、教師は後から気づかされるのです。

1）田中耕治（2008）『教育評価』岩波書店、pp.56-57参照。もともと、「工学的アプローチ」、「羅生門的アプローチ」の提唱は1975年に文部省の国際セミナーでJ. M. アトキンという学者によるもの。

4 「成果物」と「能力（コンピテンシー）」

- 「探究」カリキュラムの一貫性は学習者につけたい「能力（コンピテンシー）」によって作られます。

- しかし、目に見えてわかりやすい「成果」によって一貫性を作ろうとする人たちもいます。

- 「成果物」と「能力」は必ずしも一致しないことを理解しましょう。

❶ わかりやすい「成果物」、わかりにくい「能力」

　授業を一貫したものにするには最後に学習者が何を作るのか、つまり「成果物」を明確にするとよい。――そう思われる先生もいます。

　最後に研究レポートを書くと決めれば1年間のなかで文章を書く練習や書く内容となる研究活動を行なうと理解できるのです。

　確かにこのような考え方をすれば一貫した授業はできそうです。しかしそこで出来上がるのは「ある能力を持った学習者」ではなくて「学習者が作ったレポート」でしかありません。どのような成果物を作るのかを中心に考えてしまうと学習者がどのように育っているのかが見えにくくなってしまいます。

　探究活動で最後の研究成果物が評価の対象としてウエイトの重いものになるとします。そうだとしたら、成功しやすい実験を選んだ人の方が成績は高くなります。けれど、失敗した研究を行なった学習者であっても、その失敗から多くを学んだとしたら、もしかしたら成功した学習者よりも成長しているかもしれません。成果物だけに視線を向けることはこのような問題を持つのです。

❷「能力(コンピテンシー)」という発想

　「新しい学力」は文字通り「学力」、すなわち「能力(コンピテンシー)」のことです。教師にとって大切なのは学習者がある能力を獲得するということ、そして、獲得したかどうかを確認し続けることなのです。決して良い研究レポートを書かせるということだけではありません。厳密に言うならば「良い研究レポートを書くことのできる能力を身につける」ことが重要なのです。

　それは異なる状況や文脈のなかでも(つまり、「親切で優秀な」教師がいなくても)活躍できるような人材を作るということになるのですが、なかなか現実は難しいかもしれません。探究活動で考えれば、選んだテーマや素材、指導者によって成果物が大きく左右されるからです。これは大学の研究と同じことです。学習者のなかに状況に左右されない確固たる「能力」が育まれているのか、どのようにすれば理解できるでしょうか。なかなか難しいことです。

優勝したのは、あなたが優秀だから？
それともあなたの先生が優秀だから？

❸「能力」を測るさまざまなアプローチ

　これだけだと「何のことだ」と怒られるかもしれません。標準化された探究活動の評価方法はまだ存在しませんが、考えられる枠組みを2つ考えてみましょう。

　まずは課題の内容や指導者を変えてみて複数回行なうこと。課題研究を短期間で何回か行ない、学習者が一定の基準に達しているのか、評価する方法です。たとえば、仮説の立て方や実験器具の扱い方、レポートの書き方などを評価して、及第点以上か、確認します。

　次に複眼的な評価です。レポートやポスターだけを評価するのではなく、どのように探究を行なったのか、探究活動から何を学んだのか、振り返りや反省会での学習者同士の相互交流などを観察して、手法や考え方を理解してレポートやポスターを作ったか確認する方法です。

　前者は探究活動の手法が異なる状況でも発揮できる、つまり、身についたことを証明するのに役立ちます。後者はそれぞれの手法を理解し、それらを組み合わせ、学習者が適切な判断を下しているのか、つまり、異なる状況でも適切に手法を修正できるような判断力がついたかどうか、推測するのに適しているでしょう。

第2部 5

「学習者」を評価する

- 「評価」とは学習者に振り返りを促し、これからどのような対策を行なうのかを検討するための「健康診断」のようなものです。

- 評価の基本は「学習目標との一体化」です。学習目標をもとにどのような評価方法が適切か考えるようにしましょう。

- 「ポートフォリオ評価」のように学習記録を用いる方法や「パフォーマンス評価」のように作品をそのまま評価する方法があります。

❶「学び」を評価する

　探究活動の標準的な評価方法はまだ存在しません。一方で先進的な取り組みをしている学校では近年、探究の「評価」が注目されています。

　評価はとても奥深く、かぎられた紙面では説明しきれません。ここでは、評価についての一般的な理解を整理しておきます。

　評価というと何だか、教師が学習者を格付けするようで気持ちが悪いと思う人もいるでしょう。そういう人は評価を「健康診断」や「身体測定」と同じようなものと理解するとよいです。評価は善悪の判定ではなく、学習者に現状の自己の省察（振り返り）を促し、「そこで終わり」ではなく、次にどのような対策をするのかを検討する材料となります。

　このような視点から特定の学力について適切な評価方法を考える必要があります。血圧を測るのにレントゲン検査をする人はいないですからね。

❷「評価方法」は「学習目標」と一体的

「評価方法」は「学習目標」によって変化していきます。

たとえば、「江戸時代の人々の生活についての知識を記憶している」という学習目標があります。この場合は歴史的「知識」の記憶度合いが評価の観点になりますから、正誤問題や穴埋め問題で評価は可能でしょう。

この学習目標が少し深まって、より「江戸時代の人々の生活について説明できる」に変化したら、評価方法は複雑になって記述問題となります。このとき、どのような記述が評価されるのか、評価の観点や基準が必要になってきます。

「論理的な文章が書ける」という学習目標の場合、実際にレポートを書かせて、その授業が定義する「論理的な文章」に学習者の作品が一致しているのか評価します。「実験を実施できる」という学習目標なら、一人で実験を準備させ、それを観察して評価するとよいでしょう。

実際の評価場面では共通の評価基準を作るとよいでしょう。たとえば、これをクリアできたらこの段階だ（「A・B・C・D」など）というふうなチェックシートをイメージするとよいでしょう。

❸「記録」を残して評価する

「探究活動に関心を持っている」というような「関心・意欲・態度」を評価する場合はどうでしょうか。テストや一度きりの観察ではなかなか、この学力が見えてきません。

こういうときは、学習者の振り返り記述（関心の変化）や授業外での活動など（たとえば「放課後、自発的に実験を行なう」）、記録として残しておき、総合的に評価するとよいでしょう。

学習の成果物をまとめ、後で成長が見られるようにする評価方法を「ポートフォリオ評価」といいます。ポートフォリオは学習者の変容を見てとるとともに、評価の根拠としての価値があり、学習者の能力を証明するものにもなります。

もともと「ポートフォリオ」は「紙束」という意味で、芸術家の作品帳を意

味していました。つまり、ポートフォリオをみれば、その人の力量が分かるものだったわけです。

❹「パフォーマンス評価」を用いて「課題研究」を評価する

　探究活動では一般的な最終到達地点として課題研究を設定する場合が多いです。この課題研究の評価方法を「パフォーマンス評価」と呼ぶことがあります。学習者は、リアルな状況のなかで「パフォーマンス」(この場合は「探究活動＝研究活動」を実践して成果物であるレポートやポスターを作成する）を行なうことで、学習者が自身の関心や意欲でもって、さまざまな知識や技能を統合させます。この「パフォーマンス」は「表現・判断」という総合的な観点から見た評価になります。

　この「パフォーマンス評価」を行なう際にはさまざまな基準を設け、さらにそれぞれに度合い（規準）を設定して、評価を行ないます。このさまざまな基準-規準を整理したものが「ルーブリック」と呼ばれるものです。

> ※「評価」は難しく、その一方で研究が充分に進んだ分野です。下記の書籍などが参考になるでしょう。
> ・田中耕治（著）『教育評価』(2008) 岩波書店
> ・西岡加名恵・石井英真・田中耕治（編）『新しい教育評価入門―人を育てる評価のために』(2015) 有斐閣
> ・西岡加名恵（編著）『「逆向き設計」で確かな学力を保障する』明治図書出版 (2008)
> ・田中耕治・西岡加名恵『総合学習とポートフォリオ評価法 入門編―総合学習でポートフォリオを使ってみよう！』(1999) 日本標準

6 「授業」を評価する

- ●「探究」カリキュラムなどの「アクティブ・ラーニング」型授業の評価は単に学習者の達成度合いだけが対象ではありません。

- ●プログラムの「インパクト」全体を評価し、さらにはその実施「プロセス」まで評価しないといけません。

❶「授業」そのものを評価する

　「評価」というと学習者の到達度を測るものとして学校教育では定着しており、前章でも簡単に説明しました。一方、カリキュラムをデザイン、マネジメントする際は授業という「プログラム」そのものを評価する必要があります。

　学校教育において、授業そのものの評価はそれほど定着していません。今回は、授業＝プログラムの評価が一般的になっている社会教育での評価方法をアレンジして考えてみます(文献1)。

　評価は2つの方向から行なわれます。1つは「インパクト評価」です。そのプログラムを実施することでどのような効果（インパクト）が生じたのかという評価です。ここに学習者の学習到達の評価が含まれます。

　ただし、インパクト評価はこれだけではありません。プログラムを実際に行なうことにより、学校や教師集団にどういう恩恵がもたらされたのかというのも評価の対象として考えます。教師集団のなかにどのような変化が訪れたのか、あるいは学校にどのようなメリットが生じたのかなどです。

そして、もう1つ重要な評価として「プロセス評価」があります。プログラムを作っていく段取りやその運営方法、授業をしている間の学習者や教師の様子、授業のプロセスにおいてどこに問題があり、どこを修正すればよいのかを検討していく作業です。

プログラム評価の枠組み（例）

区分		項目	方法
=プロセス評価=			
プログラム		＜カリキュラムの一貫性＞	＝関係書類の分析、アンケート（教師・生徒）
		＜カリキュラムの構造化＞	＝関係書類の分析、アンケート（教師・生徒）
		＜発達段階との関連性＞	＝関係書類の分析、アンケート（教師・生徒）
check!		作られたプログラムと実際の授業とに乖離がないか	
運営		＜意思決定プロセスの明瞭さ＞	＝ヒアリング、アンケート（教師）
		＜運営上の不具合＞	＝ヒアリング、アンケート（教師）
check!		運営体制の不具合によって授業がうまく回っていないという状況はないか	
担当教員		＜授業へのコミットメントの程度＞	＝アンケート（教師）
		＜授業への理解の程度＞	＝観察：評価シートが必要、アンケート（教師）
		○＜ファシリテーションの程度＞	＝観察：評価シートが必要
		○＜ファシリテーションの均質性＞	＝観察：評価シートが必要
		○＜ファシリテーションに対する生徒の学びの深化＞	＝観察：評価シートが必要
check!		どの程度、担当教員は授業にコミットしたのか、	
=インパクト評価=			
効果測定	アウトプット	＜生徒の成長＞	＝ポートフォリオ（作品群）の分析
		＜授業への意識、成長への意識＞	＝アンケート（教師・生徒）
	アウトカム	＜プログラム参加成員の波及効果＞	＝観察・アンケート（教師・生徒）
		＜プログラム参加外成員の波及効果＞	＝観察・アンケート（教師・生徒）

1）国立教育政策研究所社会教育実践研究センター「社会教育計画策定ハンドブック　計画と評価の実際」
　 https://www.nier.go.jp/jissen/chosa/handbook1-23.htm
　 閲覧：2017年2月25日

第2部 7 カリキュラム作りの実際(1) ――事前調査

- カリキュラム作りは現行のカリキュラムを調査、分析することから始まります。
- 情報収集を通して学校の教育体制の問題点やカリキュラムの不備などに気づいていきます。
- シラバスの分析やアンケート調査を通して「根拠ある問題提起」を行ない、学校全体で共有します。

❶ 現場の実際を見てみよう

　ここまでカリキュラムをデザインするための基礎知識を確認してきました。
　ただ、個々の知識を理解したからといって実務ができるわけではありません。それらを統合する、実地研修が必要となります。
　実際の作業を知ることで個々の知識について振り返り、これがわからない、ここをもっと詳しく知らないと実務に活かせないというのが見えてきます。本章と次章ではカリキュラムを作成するプロセスを追いながら実務のイメージを理解していきましょう。

❷ カリキュラムの再構築

　あなたは校務分掌の主任であるか、あるいは急ごしらえの改革チームのトップです。校長から「『総合的な学習の時間』の課題を洗い出せ」と指示が出されました。

カリキュラムの作成・再編はマネジメントの原則からいって、校長からの依頼で担当部署が行なうことになります。「総合的な学習の時間」は学校の独自色を出せる科目であるため、学校の方針が変わる（学科再編や研究指定・外部予算を獲得する）ときなどに大きな改変が行なわれます。

　「学校が変わる」一大プロジェクトですから、「総合的な学習の時間」のみならず、教科、進路、生徒指導などを含めた全教員の未来を見据えた議論が必要となるでしょう。文部科学省の政策や世界の動向、他校の実践例などを分析しつつ、この学校の未来を語り合う同僚性と根気強い合意形成が求められます。

　一方でそこまで大きなことはしないけれど、現状を変えたいとなると「カリキュラムの再構築」として「総合的な学習の時間」の再デザインのみを行なうことがあります。これはある程度、定式化することが可能です。

「カリキュラム再構築」のロードマップ

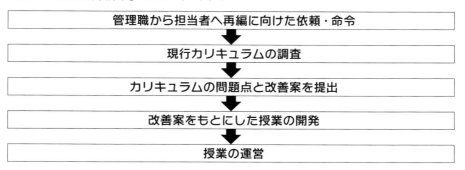

　ここでは「カリキュラムの再構築」の指示が出たと仮定します。「学習目標」や「授業担当者」を変更するのか、全学年の変更か、コース単位の変更かなどを確認します。具体的な実務に関しては他の分掌や教科と利害対立が生じる場合が多く、管理職は言葉を濁すかもしれません。あなたはこの学校の組織力を考え、どこまで手を入れられるのか検討しながら、可能性を探っていきます。

　最終的に校長に提出するストーリーは次のようなものになるでしょう。

> 現行の『総合的な学習の時間』はこういう問題がある。さらに教員・生

徒からこういう声がある。教員・生徒の思いを汲みつつ、学校全体の学習目標と照らし合わせるなら、このようなカリキュラム案が考えられる。

❸ 情報収集でわかる学校組織

あなたは、現状の「総合的な学習の時間」に関する情報をすべて収集します。シラバスや授業計画、教材、生徒の作品、それに対する成績評価などです。

情報の収集を通じ、あなたはこの学校で「総合的な学習の時間」がどのように組織化されているのかを知ります。たとえば、情報を一括してどこかの担当者が持っているなら、それはその担当者を中心とした一元的な組織のもと授業が行なわれていると理解できます。一方、資料は各担当者が個別に持っていて、それもマチマチである場合、あなたの学校では組織化された教育は行なわれていないことになります。

授業計画がなかったり、教材が散逸していたり、生徒の作品がストックされていなかったりする現実はあなたに大きな情報を提供します。つまり、この学校では担当の部署が決まっておらず、誰も一元的に授業や生徒の学習活動について説明できないということ、それゆえに誰も責任を持てないということがはっきりと見えてきます。

あなたは一連の情報収集プロセスを通じて、この学校の「総合的な学習の時間」がどのような指揮系統で成り立っているのか、整理することができます。誰が授業の方針を決めて、授業案や教材を作っているのか、どこで情報は滞り、誰がそれを閲覧でき、状況を大局から説明できるのか。これらを整理したら、フローチャートにまとめるとよいでしょう。

❹ 現行カリキュラムの分析

資料を収集できたなら、それを学年ごと・コースごとに並べ、シラバスや授業計画に従い、個々の授業を再現します。

そのなかでさまざまなことに気づくでしょう。授業が総花的で一貫性がないとか、1年生と2年生で授業内容が全然違うとか、生徒の作品が余りにもレベルが低すぎるとか、コースやクラスによって授業内容の難易度や作品の出来栄えの差が激しいとか……です。

分析をする際の重要なポイントはカリキュラムの「一貫性」と「構造化」です。

まず、カリキュラムの「一貫性」です。1年間の授業なら、1つひとつの授業はうまく連結されているか。「あれもこれも」になって関連性や一貫性がおろそかになっていないかを点検します。また、生徒の目線になって、授業がちぐはぐになっていないか、想像力を働かせて考えます。

2つ目に、カリキュラムの「構造化」です。少し難しい印象ですが、簡単に言えば、きちんと「学習目標」が立てられ、それに見合う「学習内容」がぶら下がっているのかということです。また、目標自体にも注目します。もしそれが「学校生活に適応する」などというものである場合、「総合的な学習の時間」の目標というよりは「特別活動」の目標ですから適当ではありません。

❺ アンケートと聞き取り調査

ここまで現行カリキュラムを検討してきました。あなたは問題点をできるかぎり書き出し、それを整理しながらまとめていきます。

その一方であなたは未来のカリキュラムを構想することになります。しかし、1人で、あるいは仲間内でのみ未来を構想するのは危険です。授業運営に必要な多くの教員の賛同を得るために、全構成員の意見を汲み取る必要があります。

そこで学校全体へ、現行カリキュラム、そして、未来のカリキュラムについてもアンケート、及び学校のキーパーソンとなる人たちへの聞き取り調査が必要となります。たとえば、現行の「総合的な学習の時間」への評価や問題点、「総合的な学習の時間」でどのような学力をつけたいか、何を学びたいかなどを選択式・自由記述式で質問します。

全体へのアンケートとともに学校のキーパーソンとなる人物（ベテラン教員やこの学校出身の教員など）から聞き取りを行ないます。この聞き取りは学校

全体での合意形成のため必要とともに学校を支えてきた人たちへどれだけ敬意を持てるのかというあなた自身の意識が問われる作業です。

　以上の作業で収集したアンケートと聞き取りをまとめていきます。このとき、外部の有識者から意見をもらうこともよいでしょう。

❻ 問題と提案共有

　こうして、現状の問題点とその解決策としての「カリキュラム再構築」が見えてきました。この時点では具体的な授業案を作る必要はありません。カリキュラム再構築の全体方針、授業の全体像として学期ごとの「学習目標」、さらに到達地点のイメージ（たとえば、探究活動のレポートを最後に作成する、ポスター発表大会をする）を提示するだけでよいでしょう。

　授業作りは「準備」段階と「課題研究」段階の二段階を基本にするとしても、カリキュラム再構築の方針や全体の学習目標についてはアンケートや聞き取りをもとにするとよいでしょう。特定分掌やチームが独断で行なっているわけではないという印象を与えますし、多様な視点があるほうが適切な選択ができるでしょう。

　校長室に提案する文章は学校全体で学習会などを通じて共有します。あなたは他の教員を説得するのに十分なデータを持っているはずですから、安心して話をすることができます。また、重要な指摘は反映させ、提案をよりよいものにすることもできます。

8 カリキュラム作りの実際(2) ── 授業運営に向けて

- 現行カリキュラムの分析をもとに、新しいカリキュラムを作っていきます。その際、本書でこれまで学んできた知識をもとにカリキュラム表を作成します。

- さらに授業に関連する担当者間の会議を構築し、仕事のフローを確認していきます。

- 実際の授業では会議の運営と研修会を行ないます。このとき、授業全体をマネジメントする視点が重要になってきます。

❶ カリキュラム表を作る

　前章に続き、カリキュラム再構築の実務に取り掛かるあなたは当該年度の何月何日に授業があるのかカウントして「カリキュラム表」を作ります。この「表」には「授業名」、「学習目標」、「学習内容」、「評価方法」、「備考」をつけます。

　次に白い紙を出します。そして、一番上にこの授業の「学習目標」(一般目標)を書き、その下に個々の「学習目標」(行動目標)と「学習内容」を書いたカリキュラム設計のピラミッドを描きます。「学習内容」を充実させるため、複数の教科の教員、とくに新しい手法に興味を持ち、授業改善に取り組んでいるような人たちをこの作業に集めるとよいでしょう。

　こうしてカリキュラム設計のピラミッドが完成したら、これを参考にあなたは先の表を埋めていきます。そのとき、外部の講師を呼びたい、他の行事や授業と関連付けたいと思ったら、授業計画とは別にさまざまな日程を確認し書き出しておく必要があります。この作業は管理職や教務部などと連携する必要があります。

授業は学期などで大まとめになるように配置します。これが普通の教科でいう「単元」に当たる授業グループとなります。

評価については、この単元の最終授業でまとまった評価対象物を学習者に作らせるのも1つの手段です。たとえば、毎回の授業についてはプリントを配り、振り返りを書かせ、「書いているか、書いていないか」でチェックしたのち、この「プリントの記述」をもとに単元の最後で「レポート」を作成させ、内容を評価する、などです。

❷ 担当者会議の構築

こうして「カリキュラム表」が完成したら、授業担当者に配布します。

このとき、授業担当者全員ないしは授業担当者の代表者を選んでもらって、授業をデザインしたあなたと担当者の会議を行なう必要があります。この会議は今後、授業案や教材を作るうえで重要な会議です。

最初の会議ではあなたの作ったカリキュラム表をもとに授業イメージを伝えます。そのなかで問題があれば修正をします。

さらにこの授業での責任分担や会議のあり方を決めていきます。たとえば、授業内容の最終決定は授業日の何日前に誰がどこでするのか、授業後のフィードバックはどのようにするのか、評価の方法や成果物のストックはどのようにするのか、などです。

この会議の議論は担当者全員とシェアます。代表者のみ参加であっても、たとえばメーリングリストやミニ機関紙など、担当者全員とコミュニケートできる手段を確立する必要があります。

❸ マネジメントとワークフローの確立

授業をデザインしたあなたも担当者になる可能性がありますが、これは好ましいことです。実地で自分のカリキュラムの成否を判断できることは修正作業に大いに貢献するでしょう。しかし、授業をデザインする責任者であるあなた

は担当者とは少し違う立場も兼任します。それは授業をマネジメントするという立場です。

　あなたは授業全体をつねに俯瞰し、それに関連するさまざまな人たちの調停役を請け負います。学校外の他機関との連携には管理職の協力と許可を仰ぐ必要があります。他の校務分掌との調整は相手先の主任、部長とあなたが交渉しないといけません。

　このような仕事を行なうためにはこの授業に誰が、どのように関係しているのか、各人はどのような権限を持っているのか、整理し、フローとしてまとめないといけません。そして、各人にそれぞれがどのような役割を負っているのか説明し、その責任を果たしてもらうようにお願いしないといけません。

　この作業は管理職の後ろ盾が必要であり、管理職もこのような役割分担と作業フローの承認を行なわないといけません。

❹ 会議と研修会——実際に授業を運営しながら

　担当者会議では直近の授業での注意すべき出来事や生徒の反応、成果物をもとに、授業がうまくいっているのか、気づいたことはないかなどを交流します。

　この場であなたは議長役を引き受け、「教師の主観的知見」と「生徒の反応＝言動や成果物に表われた比較的客観的な知見」を併置しながら、授業運営における課題や解決策を考えることになります。

　会議は問題解決の場であり、利害調整の場ではありません。授業担当者の知見＝意見はつねに、生徒の反応や成果物というエビデンスによって根拠づけられるものでないといけません。

　たとえば、ある教員が「この教材は難しかったので次の授業ではこれを使うべきではない」と言ったとしてもすぐに鵜呑みにしてはいけません。生徒の成果物を見てそれが事実かをあなたは判断しないといけないのです。もし成果物が一定の水準であるなら、教員は生徒の能力を過小評価している可能性があります。また、同じ学力水準のクラスで成果物の出来に違いがあるなら、担当者の指導力不足かもしれません。

あなたにとって担当者たちは同僚ではありますが、少し距離を置いた存在になります。あなたは各担当者の能力を引き上げる必要があり、教師集団の生涯学習・生涯発達のファシリテータという役割も担っています。

　この点から、あなたの職務の1つに「校内での研修会」の実施が挙がってくるでしょう。研修会は4月の授業前には必ず行なうべきであり、単元ごとに反省会を兼ねた指導法の確認を行なう研修も打つべきでしょう。この研修は外部講師を呼んで行なう一種のイベント的なものでも、先輩教員が後輩教員を指導するものでもありません。各教員が知識や技能を習得し、個々の体験や認識を言語化し共有させるものでないといけないのです。

「カリキュラムの再構築」の業務内容例

段階	業務	内容
調査	データ収集	担当者からの資料収集や聞き取り調査
	データ分析	「一貫性」・「構造化」の観点から分析
	提案書面作成	「問題がある」、「だからこうする」が基本
開発	授業骨子作成	「ピラミッド」と「カリキュラム表」の作成
	体制作り	担当者会議の構築・ルール作り
運営	担当者会議	授業案の調整と事後検討
	研修会	授業改善に資する活動を企画・実施

❺ どういう人物が担当者にふさわしいか

　学校でこのような新しい試みを行なう際、若手教員を起用する動きが目立ちます。大学や高校の現場では強いリーダーシップをとった管理職と「元気な若手」が活躍することで改革が進むという構図が実際に存在します。

　ただ、以上のようなカリキュラム再構築の実際をご覧になって、これが採用数年の若手教員に可能と考えられるでしょうか。新しいカリキュラムを作るうえで安定した教科・生徒指導の知見と経験を、学校内での調整という点で校内

の政治に明るい顔の広さを、外部との調整という点で社会人として確固たるスキルを、それぞれ持ち合わせた人物はやはり、中堅以上の人物＝「ミドル・リーダー」となるでしょう。

　筆者の私見では担任を一周（中高なら３年）以上、校務分掌を２箇所（３年ごとで６年）程度の実務経験が欲しいと感じるところです。となると、教員歴10－15年の30代後半から40代にかけての人物像が浮かびます。ただし、若手であっても授業勘があり、社会人としての老獪さを持った人物なら可能です。

　どちらにせよ、担当者を任命するのは管理職です。管理職が「伯楽」でなければ「名馬」も見つからないということなのです。

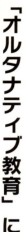

column 「オルタナティブ教育」について

カリキュラム作りを学ぶうえで、参考になる話があります。

1990年代頃にそれまでの「一斉詰め込み授業」、「管理主義教育」など、既存の学校教育に反発してもう1つの教育（「オルタナティブ教育」）を目指して活動を始めた人びとがいます(文献1)。

「オルタナティブ教育」というと不登校児のためのフリースクールをイメージしますが、それだけではありません。大正時代の「新教育運動」以来、知識詰め込み教育ではない、経験を重視した教育活動を行なってきた学校もこれに入ります。また、シュタイナー学校など、独自の哲学のなかで教育体系を積み上げた学校もあります。

オルタナティブ教育と近接する「ホリスティック教育」では、社会や自然との「つながり」を強調します(文献2)。多文化理解教育や環境教育、持続可能な開発のための教育（ESD）などで実績を上げ、体験学習を交えた総合学習の実践を生み出しています(文献3)。

これらの活動の多くは基礎的な人間観や世界観、つまり、哲学のレベルから構築されたカリキュラムを持っています。また、そこには長年の運用のなかでさまざまな困難を乗り越えた洗練された教育課程も伺えます。

アクティブ・ラーニングのカリキュラム編成や学校作りを志向するときは大いに参考にしたいものですが、あまり注目されていないのでここで紹介いたしました。

1) 永田佳之（2005）『オルタナティブ教育国際比較に見る21世紀の学校づくり』新評論。
2) 吉田敦彦（1999）『ホリスティック教育論―日本の動向と思想の地平』日本評論社。
3) 山之内義一郎（2001）『森をつくった校長』春秋社。

第3部

さまざまな「学習方法」を学ぶ
―― 学びの「原理」と「手法」

　探究活動では、学習目標に応じた「学習内容＝授業」をデザインする必要があります。このとき、「学校外の学び」に多くのヒントが隠されています。

　第3部では「探究」カリキュラムに利用出来る「学校外の学び」の「原理」やさまざまな「手法」について紹介します。

ファシリテーション
——学びの「原理」①

第3部 1

- ●「アクティブ・ラーニング」の指導で大切なのは「ファシリテーション」です。

- ●これは学習者の「体験」を促進させることですが、そのためにはファシリテーターは「今、起きていること」に敏感にならないといけません。

- ●そのうえで学習者の状態を変化させるために細かな工夫を用いるのです。

❶「ファシリテーション」は体験を促進させる

　「ファシリテーション」はアクティブ・ラーニング(主体的・対話的で深い学び)における指導の要です。このファシリテーションという概念はさまざまな体験学習のなかで発達してきたものです(文献1)。

　ファシリテーションとは日本語の「促進」を意味します。つまり、学習者の体験、活動を促し、学びを深化させることをいいます。

　ファシリテーションのポイントは学習者の体験をスムーズに、深くさせるために「関与」することです。ファシリテーションは学習者の「体験」とペアになるものですので、その体験がどういうものかが定義されないと実施することが難しくなります。つまり、その体験の要点が明らかでないと学習者をどういう状態に持っていけばよいのかわからないということです。

　たとえば「振り返り」という体験を考えましょう。学習中の出来事を思い出させて、そこで感じたこと、考えたことを言葉にさせたい。これが「振り返り」という体験の要点だ。この場合、ファシリテーターは学習者が出来事について

思い出すのを手伝います。そこで何を感じたのか掘り下げ、言葉にすることを促すのです。

そのためには、学習者の話を聴くのはもちろん、体験を掘り下げるような問いを投げかけ、相手が言葉にできない感覚を推測し、明確にしていくなどのカウンセリング技法が必要になります。

❷「今起きていること」に気づき、変化を導く

アクティブ・ラーニングでは、教師にファシリテーションの技術が求められます。その基盤となるのは徹底した「観察」です。

学習者は何を見ているのか、学習者の表情がどのように変化しているのか、学習者同士は何を話しているのか、教室のなかに起きる沈黙と語らいはどのようなタイミングで生じているのか、ワークシートなどに見て取れる学習者の状態はどのようなものか。このような問いをつねに頭のなかでぐるぐる回しながら、全体の雰囲気と個々の状況を観察すること。つまり、「今ここで何が起きているのか」に気づくことが求められるのです。

ファシリテーションは学習者を観察することから始まるものです。もし学習者がある体験について没頭できないと見てとれたとき、ファシリテーターがすべきはその体験を妨げているものを排除したり、あるいは学習者の思考を迂回させたりすることです。

それは教室の環境設定から始まります。部屋が寒すぎないか、暑すぎないか。人が多すぎないか、明かりが強すぎないか、暗すぎないか。このような生理的な刺激が学習者のストレスになっている可能性は多々あります。

また、ファシリテーター（教師）の指示がよくわからなくて困っているという場合もあります。教室全体がファシリテーターの指示をわからない様子ならばもう一度説明をやり直せばよいでしょう。何人か特定の学習者が困っているなら個別対応すればよいでしょう。

グループ活動においては自分の考えや感情を表現することができなかったり、特定の属性を持つ人たち（たとえば異性や異なる年齢集団）と一緒にいると自

分の普段の姿を出しにくい人もいます。グループを変えるというのも1つの手段ですが、ちょっとした「アイスブレイク」のワークや話し合いのルール変更、座席の移動などによって、状況が変化することがあります。このようなわずかな介入によって学習者の状態を変化させることができるのです。

1) 南山大学人文学部心理人間学科監修、津村俊充・石田裕久（編）(2011)『ファシリテーター・トレーニング―自己実現を促す教育ファシリテーションへのアプローチ』ナカニシヤ出版、中野民夫・森雅浩・鈴木まり子・冨岡武・大枝奈美（2009）『ファシリテーション 実践から学ぶスキルとこころ』岩波書店などを参照。

2 ロールプレイ ── 学びの「原理」②

- アクティブ・ラーニングの手法の多くに「ロールプレイ」の原理があります。

- 「ロールプレイ」は「想像力」のトレーニングになりますが、これを深めていくと人間の深い部分にまで達するため、コントロールがしにくくなります。

- 目標と合わせて適切に利用したい原理です。

❶「ロールプレイ」という原理

　アクティブ・ラーニングの手法のいくつかには共通して、学習者が「役割を演じる」という「ロールプレイ」の原理がみられます。

　「ロールプレイ」というのは自分とは異なる役割を演じることです。たとえば、開発教育協会(文献1)では「ある特定の（自分と違う）立場の人（場合によっては、動物やモノの場合もある）になったつもりで、ある問題について考え、それを表現するというところ」にロールプレイの特徴があるとされています。

　ロールプレイというものもアクティブ・ラーニングにおいては非常に重要な方法ないしは原理として考えられます。

　ロールプレイを用いることで普段、自分がとっている立場を意識化することができます。一方で普段と違う立場に自分を置くこともできます。たとえば、発展途上国の人びとになりきり、国際的な問題を考える。このときのロールプレイは今の自分と違う状況に入り込んで、違う視点から物事を見ることを指します。

第3部　さまざまな「学習方法」を学ぶ

ロールプレイは一種の「想像力」のトレーニングだと考えられます。相手になりきるということです。そうすることによって、相手の考え方や感じ方を共感的に理解することができます。つまり、「対話」を促すとともにその「対話」のなかで自分や相手に対して「深い」理解ができるのです。

❷「心理劇」としてのロールプレイ

　ロールプレイは、より奥深い問題をはらんでいます。これは自分自身の感情やパーソナリティが関わるトレーニングです。普段と違う自分を演じながらもそこでうごめくのは自分自身の「心」です。

　人は時に自分自身を抑圧したり、本当の感情に気づかないふりをしていたりします。ロールプレイのなかでそれが開放されることがあります。このようなロールプレイの心理的側面を利用して心理療法（サイコ・セラピー）として活用することがあります。これを「心理劇」（サイコドラマ）といいます[文献2]。

　「感情」はコントロールしにくく、それがグループになるとますます扱いづらくなります。そのため、深い心理劇のレベルまでロールプレイを持っていくということは非常に難易度の高いものになるでしょう。

　教室で行なうアクティブ・ラーニング型授業なら、ここまで意識しなくてよいですが、学習者の心理的変化や不適応には十分に気をつけましょう。

　青年期の学習者は自分の感情を表現したり役になりきったりするのを恥ずかしがることがあります。

　どの程度、学習者の感情を揺り動かし、役に没頭させることがよいのか。この点に配慮しつつも、コミュニケーションや自己理解の基本となる「感情」や「想像力」を養うためにロールプレイという方法・原理が役立つのです。

**普段の自分とは違う立場、
けれど湧き上がるのは自分自身の「心」**

1）開発教育協会「『ロールプレイ』―自分とちがう立場の人を演じてみる」
　http://www.dear.or.jp/activity/menu07.html　閲覧：2017年2月25日
2）ジェイコブ・モレノ（2006）『サイコドラマ―集団精神療法とアクションメソッドの原点』増野肇監訳、白揚社など。

column

「役になりきる」ことの学び

　適切な主張の方法を考える「アサーショントレーニング」というものがあります（第3部6章参照）。

　学習者はグループになり、順番に「アグレッシブ」（攻撃）、「アサーティブ」（主張）、「ノンアサーティブ」（非主張）という異なる主張の態度が書かれたカードを引きます。

　カードを引いたら具体的なシチュエーションが与えられます。たとえば、「あなたは食品倉庫を経営している。得意先が産地偽装していることを知った。先方はあなたに口をつぐむように金を積んだが、あなたは告発するつもりだ」。

　他のメンバーは偽装をしている得意先になりきり、学習者を丸め込もうとする。そんななかで自分が引いたカードの通り学習者は「主張」をしないといけません。

　学習者が「攻撃」のカードを引いたとしましょう。最初は恥ずかしく感じつつも、徐々に役に入り込み、理不尽さに怒り、学習者は声を荒げていく。一連のやりとりを数分程度行なったのちに、振り返りを行なう。

　自分はそのカードに書かれた主張の仕方にしっくりくるのか。しっくりこないなら、普段の自分の主張態度は他のものかもしれない。相手はどう反応したか。その態度は状況を悪化させていないか……。このように、さきほどの体験と普段の体験を結びつつ、適切な主張と自己の普段の態度を考えていく。

　「役になりきる」ことで生み出される「情報」をもとに学習が展開されていく。そのため、「役になりきって得られる感覚・思考をどのように構造化させればよいのか」が授業作りで考えるポイントになります。

第3部 3 ゲーム ── 学びの「原理」③

- 「探究」カリキュラムをデザインする際に「ゲーム」という原理も重要なものです。

- 「ゲーム」は競い合いを促進し、学習者の活動を活発化します。

- また、複雑な社会の縮図を描き出すことができ、「ゲーム」を通じて「探究活動」の「課題設定」に必要な知識を体験的に習得することも期待されます。

❶ ゲームを授業に使う

　アクティブ・ラーニング（主体的・対話的で深い学び）の原理の1つに「ゲーム」というものが考えられます。「授業にゲームを取り入れる」というと怒られるかもしれません。というのもゲームというのは教育の対岸、あるいは敵のようにいつも考えられてきたからです。しかし、このゲームはアクティブ・ラーニング型授業だけでなく、知識習得を目的とした授業でも案外役立つものなのです。

　たとえば、重要な単語や公式を暗記するとき、単語や公式を書いたカードを作って「神経衰弱」のようなゲームをやってみる。学習者で誰が多く暗記することが出来るのかを競わせることで、自然と暗記ができていきます。

　重要なことは、その競い合いがゲームとして楽しく成立するのかということです。一歩間違えば、かつての学校現場にあったような「席次の貼りつけ」のようなことになりかねないでしょう。あくまでもゲームです。ここでの暗記量やスピードは楽しいゲームを成り立たせる1つの要素でしかありません。

第3部　さまざまな「学習方法」を学ぶ

ゲームを通して暗記や技術の習得を促すことは、「学び方を学ぶ」ということにもつながります。ゲームをして終わりではなくて、「このようにすれば学習は捗るよね」というふうなメタ的な視点を授業の終わりで提示することで、ゲームでの勝敗が授業のなかで完結することを印象づけることができます。

❷ ゲームから「社会の複雑性」を学ぶ (文献1)

　探究活動では「知識」を学ぶことも重要です。このとき、ゲームを活用すればゲーム自体に別の意義が生まれてきます。

　ゲームではプレイヤー同士の駆け引きや心の読み合いを楽しむものです。この駆け引きは私たちの社会生活における複雑性と類似しています。

　たとえば、日常で体験する「ジレンマ」をゲームに再現して解決策を探したり、国際関係以上の不平等を追体験したりするゲームがあります(文献2)。

　ここでいうゲームというのはテレビゲームのような一人で完結するものではなくて、他者との駆け引きを含む複数での対話を指しています。そこに情報の非対称性や初期設定の不平等さなどを入れ込むことにより、駆け引きなどのスリリングな「対話」を促進させ、体験的に「社会の複雑性」を「深く」学べるのです。

遊んでいるの？
いいえ、学んでいるの！

column

「ゲーム」で授業を作る

　「ゲーム」を用いて学習活動を組み立てるのはとても難しいことです。ゲームが持つ原理的な側面はもちろん、社会や自然の持つ複雑性を理解して、それを授業に落とし込む作業は非常に労力を要します。筆者が勤務している高校で「持続可能な開発」の理解を促すゲームを作りましたが、担当者間でルールを共有し、ゲームの原理を理解するなど、うまく運用するのは困難さがあります。

　こういうことがあるので、ひとまず、授業で「ゲーム」を用いるなら、すでに経験的に洗練された方法を利用するとよいかと思います。ある程度、慣れてきてから関連書籍を読み込み、自作のゲームを作るとよいでしょう。

　もっと簡単に授業で「ゲーム」を取り入れたい。そう考えるなら、トランプゲームなど既存のゲームの「型」を取り入れるとよいでしょう。たとえば、古典文法の助動詞の意味を暗記するとき、「意味」と「助動詞」を別々のカードにして、ペア探しを行なうなどです。ちょっとしたことですが学習者にとっては新鮮で、単なる暗記も活動的なワークに変化させることができます。

---

1) 社会科学で「ゲーム」ないしは「ゲーミング」というと本来、こちらの意味を持つ。藤原武弘（編著）（2007）『人間関係のゲーミング・シミュレーション―共生への道を模索する』北大路書房などを参照。
2) 開発教育・国際理解教育ハンドブック「不公平ゲーム　～児童・生徒が"貿易ゲーム"を通して学ぶもの」
http://www.mofa.go.jp/mofaj/gaiko/oda/edu/kyouzai/handbook/html/h20103_4.html　閲覧：2017年2月25日

第3部 4 アイスブレイク
――グループ活動に向けた手法①

- グループでの「探究活動」の最初に、空気を温めるためにも「アイスブレイク」という方法を用います。

- これは従前の「構成的グループエンカウンター」などの蓄積を利用するとよいでしょう。

- また、コミュニケーション・トレーニングなどに利用する際には「振り返り」を充実させるとよいでしょう。

❶ グループでの「探究」に「アイスブレイク」を

　課題研究を1人で行なうか、グループで行なうか。各学校の特色やねらいが出るポイントです。

　元来、グループワークというのは心理的に見て学習者に負担をかけやすいものです。誰かは知っているけど格段に仲良しというわけではない「半知り」の状態において、ストレスは非常にかかりやすく、不適応反応が生じることが多いです(文献1)。それを回避し、「対話的な学び」の初歩であるグループ作りの段階に役立つのが「アイスブレイク」という方法です。

　アイスブレイクとは文字どおり、初めて出会ったもの同士、あるいはあまり面識のないもの同士で何かを行なう前に「凍てつく空気」、「固まった身体」をほぐすために行なうさまざまなワークなのです。

❷「グループエンカウンター」を利用する

「構成的グループエンカウンター」は、グループでの簡単な遊びや作業などを通して集団での自己表現やコミュニケーションを学んだり、雰囲気づくりを行なったりするものです。

「グループエンカウンター」自体は心理カウンセリングにおける集団療法の1つとして発達してきたものです[文献2]。ロジャースによる来談者中心療法をグループカウンセリングに援用したものとして考えられています。

教育指導や学級作りなど、学校で利用するため、このようなグループエンカウンターを整理したものが「構成的グループエンカウンター」と呼ばれるものです。すでにさまざまなメソッドの蓄積が行なわれており、現在、私たちにも簡単に使えるようになっています[文献3]。

これらはたとえば自己紹介の技法であったり、非言語コミュニケーションや自己表現を促すものであったりします。

グループ活動のアイスブレイクとしてワークをするならばとくに問題はありませんが、コミュニケーション・トレーニングなどの一環として行なうのであるなら、ワークの後には各自がどのようなことを感じ考えたのかを共有する「振り返り」の時間が必要になります。

❸ たとえば、こんな「アイスブレイク」

筆者がよく利用するアイスブレイクは「非言語コミュニケーション」をベースにしたものです。たとえば、「バースデーチェーン」というパーティゲームでは、参加者は一切のおしゃべりを禁止され、身振り手振りで制限時間内に誕生日順に並びます。場合によっては、手を使ってはいけない、まばたきのみで合図する、などの制約を課します。こうすれば否が応でも見ず知らずの人たちと交流することになります。さらに言葉での交流が苦手な人でも「誕生日」という最低限の情報を「身振り手振り」で伝えるため、それほど負荷がかからないのです。

ある程度、場の雰囲気が温まれば、自由に動いてお互いに名前を言い合い、自己紹介するというのもよいでしょう。
　ポイントは、コミュニケーションの負荷が低いものから実践し、より高負荷なものへと移行するということです。筆者は授業等では非言語非接触交流、言語非接触交流と続けていきます。可能なら握手などの身体接触を行なう段階へと交流を進めていきます。

名前を覚えて、私を知って、一緒に学びましょう

1）笠原嘉（1977）『青年期—精神病理学から』中公新書。
2）カール・ロジャーズ（1982）『エンカウンター・グループ—人間信頼の原点を求めて』畠瀬稔・畠瀬直子訳、創元社。
3）國分康孝・片野智治（2001）『構成的グループ・エンカウンターの原理と進め方—リーダーのためのガイド』誠信書房や國分康孝・國分久子（総監修）（2004）『構成的グループエンカウンター事典』図書文化社。

第3部 5 協調学習 ──グループ活動に向けた手法②

- グループでの「探究活動」を行なうためにも教室内に協調的な雰囲気がほしい。そういうときには「協調学習」を利用するとよいでしょう。
- 「協調学習」では「学び」を個人のものだけではなく、人と人との交流のなかにも見出します。
- 「協調学習」は「社会性」を養うことを期待される学習方法なのです。

❶ 協調的な「学び」の文化を作る

　探究活動における課題研究では、グループで活動することが多いです。グループで活動し、学び合う「協調的な学びの文化」構築に役立つのが「協調学習」という学習方法です。

　国内でもすでに「学びの共同体」や「学び合い」などの実践として有名です。「学びの共同体」[文献1]は学校全体で行なう協調学習の形態で、ジョン・デューイというアメリカの教育者を代表とする民主主義教育の理論的背景を持ちます。一方の「学び合い」は教室単位で実践できるものです[文献2]。両者は似ていますが背景にある理論や実践形態、そして、実践団体が異なります。

　世界的に有名なものとしては「ジグソー法」というものがあります[文献3]。これは、教師が作った資料を学習者が各自で読み込み、そこに書かれていた情報をグループで統合し問題解決を行なうものです。

❷「協調学習」は「社会性」とリンクする

　これら協調学習の実践は一斉授業に対するアンチテーゼとして発展してきました。一斉授業が教師から学習者に対する一方向的な情報の注入であるとすれば、協調学習で重視するのは学習者同士の相互の交流です。

　私たちの多くは学習を「個人単位」で考えがちです。授業中に前後左右の人たちに授業がわからないと相談したら先生に怒られてしまいます。しかし、大人社会においては相互に助け合いながら「問題解決」を行ないます。1人きりで仕事をするというわけではありません。協調学習とは、課題に対して「連携して向かい合う」という大人社会の構図を利用したものと理解できるかもしれません。

　また、協調学習はグループで学び合う雰囲気作りには有効なものかもしれません。グループでの自習をする基盤作りにつながるでしょう。

　「ジグソー法」は、教室のなかにさまざまなエスニックグループ（民族集団）があるアメリカの学校で、集団作りの方法として開発されました[文献4]。

　このことを考えると、協調学習というのは単に「みんなで学び合うことによって学力がつく」ことよりも学習プロセスにおける「協調性」を重視することによって、教室内での「社会性」を高める働きの方が期待されているのかもしれません。協調学習は、「対話的な学び」を可能にする下地作りとしての価値を理解することができるのです。

「一緒に学ぶ」、
そんな習慣をつけよう

1）佐藤学（2006）『学校の挑戦―学びの共同体を創る』小学館などを参照。
2）第1部3章の注5の書籍などを参照のこと。
3）大学発教育支援コンソーシアム推進機構「知識構成型ジグソー法」
　　http://coref.u-tokyo.ac.jp/archives/5515　閲覧：2017年2月25日
4）友野清文（2015）「ジグソー法の背景と思想―学校文化の変容のために―」『學苑
　　（895）』、pp.1-14。

6 コミュニケーション・トレーニング
——「社会性」を育てる手法

- 「探究活動」における「ポスターセッション」は複雑な要素の絡まった「コミュニケーション・トレーニング」です。

- 「コミュニケーション・トレーニング」には「表情と声」に注目した感情知覚のワーク、感情の受容に注目した「聴き方」のワーク、そして、自己主張の「アサーショントレーニング」があります。

- 「社会性」育成のため、これらを体系立てて整理し、必要に応じて実施したいです。

❶「コミュニケーション・トレーニング」を系統化する

　世のなかにはさまざまな「コミュニケーション・トレーニング」があります。これは「対話」関係のなかで自分への気づきを促し「主体性」を確立するためのトレーニングとも言えますし、「社会性」について体験を通して「深い」学びを促すものとも言えます。じつは探究活動におけるポスターセッションもこのコミュニケーション・トレーニングの一種と考えられます。

　ここではいくつかのトレーニングを系統立てて紹介しながら、探究活動でのトレーニングにつなげていきたいと思います。

　コミュニケーションの原初的な体験は相手の感情を「知覚」することです。感情を知覚するやり取りであるコミュニケーションにおいて、相手の感情を「受容」することが大切になってきます。ここで大切なのは「聴く」という行為です。しかし、コミュニケーションは相手を「受容」するだけでは成立しません。自分自身の考えを「主張」することが必要になります。ただし、ここでも相手の感情、すでに持っている知識や考え方を考慮しなければ、一方的な意見の押

しつけになるでしょう。

　素朴な感情の「知覚」から相手の感情の「受容」、そして自分の意見を相手のことを考慮しながら「主張」する。このプロセスをコミュニケーション・トレーニングの系統性として、いくつかのトレーニングを紹介していきます。

❷ 表情と声のワーク(文献1)

　コミュニケーションの基本的な要素は「表情」と「声」であることが最近、わかってきました。コミュニケーションに課題を抱えている人たちは相手の表情や声から感情を読み取る、あるいは感じ取ることが苦手だといわれます(文献2)。

　逆に考えるなら私たちは相手の気持ちを理解するときに表情や声から無意識のうちに相手の感情を「感じる」のです。

泣いて笑って怒って……
表情だけで気持ちが分かるね

　普段何気なく行なっている表情や声の観察を意識的にする簡単なワークがあります。「表情と声のワーク」とでも呼ぶなら、その手順は次のようになります。
　グループになっていくつかの単純な「感情」(「怒り」や「喜び」など)を書いたカードを1人ずつ引きます。引いたカードに書かれた感情を声あるい

は表情だけで演じます。声のときは「あー」という発声に抑揚をつけて感情を表現します。そして、他の人たちが、どの感情であるか、当てます。

　このような簡単なワークを通じて日常における表情や声の重要性に気づきを促すのです。

❸ 聴き方トレーニング (文献3)

　コミュニケーションとは単に言語的な情報をやり取りするためのものではありません。人間は表情や声に現れる非言語情報を言語情報よりも重視するといわれています（いわゆる「メラビアンの法則」(文献4)）。

　そして、このような非言語情報のやり取りのなかで、相手が「感情」を「受容」(文献5)してくれる状況が心理的な安心感を生み出すと考えられます。このような心理的な安心感によって人は自分の考えを相手により言いやすくなるのです。

「聴き方トレーニング」では、まずは相手の感情を受容する方法である傾聴を用います。これもグループになります。そして、さまざまな「聴き方」が書かれたカード（「傾聴」や「無反応」など）を順次引き、周囲の人はそのカードに書かれた態度で学習者の話を聴きます。「傾聴」なら話しやすいけど、「無反応」なら話しにくいということが体験的に理解できるのです。

「うなずき」から相手を受け容れる

❹ アサーショントレーニング（文献⑥）

　しかし、相手の感情を「受容」するだけではコミュニケーションとして成立しません。相手に対して自分の考えを「主張」する必要があります。

　相手が自分の主張を受け入れてくれるためにはどうすればよいのか。具体的なシチュエーションのなかで、ロールプレイを通じて自己主張の練習をするというものが「アサーショントレーニング」です。

　このトレーニングは、アメリカの自由民権運動のなかでマイノリティーであった黒人や女性たちが自分の主張をどのように表明すれば社会が受け入れてくれるのか、自分の「主体性」をどう確立するかという悩みのなかで生まれたものです。

　シチュエーションを設定し、さまざまな「主張の態度」を書いたカード（「アグレッシブ」や「ノンアサーティブ」など）を引きます。引いた人はその紙に書かれたように自分の考えを主張し、その後、この体験の「振り返り」を行ないます。

　これは、さまざまな「主張の態度」を体験することで、状況に応じてどのようにすれば適切な自己主張ができるのかということを考え、学ぶというワークです。

相手の気持ちを考えて、自分の思いを伝えよう！

❺ ポスターセッション

　以上のようなトレーニングは教室のなかに作り出した特殊な状況でのトレーニングです。最終的には日常に近い、リアリティーのある訓練が必要です。

　探究活動の「ポスターセッション」はこの訓練としては最適です。ポスターセッションは自分たちの探究活動の成果をA0版の1枚紙か、A4版の複数の紙にまとめて壁に貼り、そのポスターを交えて聴衆とディスカッションをするものです。

私とあなたとポスターと

　これまでのトレーニングが「私」と「あなた」の関係（「聞き手」と「語り手」関係）であったのに対して、ポスターセッションは「私」と「モノ」（ポスター）と「あなた」という「三項関係」(文献7)でのやり取りが基本になります。

　私たちの日常にはこのような「三項関係」の対話関係が多く存在します。仕事で相手に商品を説明するときの「売り手」と「買い手」そして「商品」や「カタログ」での対話＝コミュニケーションなどです。

ポスターセッションは自分の意見ばかりを一方向的に話すものではありません。相手の予備知識や関心を確認しながら、人によって話し方を変えて自分の探究成果に興味を持たせる工夫をしないといけません。

　このような相手の気持ちや知識をもとに、ときには状況を考えながら、自分の意見や成果を話す。複雑なコミュニケーション・トレーニングがポスターセッションでは行なえるのです。

1）蒲生諒太（2015）「『感情知覚』を用いたコミュニケーション・ワークショップの検討」日本教育工学会第31回全国大会での発表。
2）勝浦暁（2010）「広汎性発達障害児における感情的プロソディ情報処理に関する検討」筑波大学博士（学術）学位論文など。
3）沖裕貴・林徳治（編著）（2010）『必携！　相互理解を深めるコミュニケーション実践学（改訂版）』ぎょうせい、pp.26-33。
4）A.マレービアン（A.メラビアン）（1986）『非言語コミュニケーション』西田司・津田幸男・岡村輝人・山口常夫共訳、聖文社。
5）カール・ロジャーズはカウンセリングにおけるクライエントの変化に「必要にして十分な条件」として「無条件の肯定的配慮」・「共感的理解」・「自己一致」を挙げており、一般的にこられが「カウンセリングマインド」の基本的要素とされる。ここでの「受容」はこの理論の内容を指している。　ロジャーズ、C.R.（1966）『ロジャアズ全集4　サイコセラピィの過程』伊藤博編訳、岩崎学術出版社
6）平木典子（2012）『アサーション入門―自分も相手も大切にする自己表現法』講談社現代新書。
7）やまだようこ（1996）「共鳴してうたうこと・自身の声がうまれること」（菅原和孝・野村雅一（編）『コミュニケーションとしての身体』大修館書店、pp.40-70。）

7 ディベート ——「論理的な思考力」を鍛える

- ●「ディベート」は「主張と根拠の関係」を打ち立てたり、揺さぶったりする言葉を使ったゲームです。

- ●このゲームを通じて、論理的思考力がつくことが期待できます。

- ●「ディベート」を実施する際にはルールと戦術を学習者に教えておく必要があります。

❶「ディベート」とは何か？

　探究活動を行なうには根拠に基づいた「論理的な思考力」が必要です。この力は学びを深めるための基礎となります。このような論理的な思考力を鍛える練習に「ディベート」があります。

　ディベートは1つの命題（政策）について、2つの立場に分かれそれぞれの立場から議論し勝敗を競う、言葉を使ったゲームです。

　学校でディベートといえば「英語での討論」として長い伝統を持っています。一方、日本語ディベートの世界もここ10年で実践の蓄積をしてきました[文献1]。

　ディベートで重要なことは、1つの主張に対して明確な根拠や裏付けを持つことです。たとえば、「有機農業を広める」という政策についてのディベートを考えてみましょう。肯定側は有機農業を広めることによって生じるさまざまなメリットを根拠をもって示すことになります。否定側は同じく有機農業を広めることによって生じるさまざまなデメリットについて話すのです。

　ディベートの山場は、「主張と根拠の関係性」を取り崩すことです。「この根

拠からそのような主張は導き出せない」とか「その根拠は妥当なものではない」とか言って、相手を追い詰めるのです。「主張＝屋根」を支える「根拠＝柱」をぐらつかせることによって相手の論をつぶしていくのです。

　もちろん他のやり方もあります。相手の主張が実際に正しかったとしても、その主張があまり重要なものではないというやり方です。たとえば、「肉の焦げ目に発がん性がある」という主張がある。それに対して「確かに焦げ目には発がん性があるがごくごく微量でありほとんど考慮すべきものではない。だから、その主張に現実的な意味はない」という議論の仕方です。

言葉と論理で遊ぶゲームだよ

❷ ディベートの教育可能性

　ディベートのトレーニングは主張と根拠の関係性やその主張の現実的な影響などを考慮する練習になります。論理的な思考力をつけるためには有効な練習方法といえるでしょう。

　しかし、ディベートを行なったとしてもルールや相手の論の切り崩し方などを学んでいなければ、自分の主張をただ述べるだけであったり、あるいは根拠のないことを水掛け論的に議論したりして終わってしまうことになります。

　ディベートを授業で行なう際にはその理論的原理的構造（つまりは、ルール

と戦い方）をよく理解させたうえで「学習者が主張と根拠の関係性を理解し、それを明確化させることができる」という学習目標のなかで実践しなくてはならないのです。

column 机の上のディベート

ディベートを授業で行なおうとすると机を動かしたりグループ活動をしたりと時間や手間がかかって気軽には行なえません。そこで机の前後や横のペアで簡単にディベートができるようなシート（プリント）を作成し、高校生を対象に実施したことがあります。

手順は一般のディベートと同じです。命題に対して肯定・否定をそれぞれが書き込み（立論）、シートを交換し、それぞれの立論に対して反論（反駁）を書き込み再び交換して、相手の反論に対して弁明を行ないます。

ペーパーベースなので、どちらが論理的か、ひと目で分かる代物になっています。

このワークを行なう前には論理的な主張のトレーニングをこれもまたペーパーベースで行ないました。実際に立ち歩いて対話するやり方もありますが、ペーパーベースでのトレーニングや交流は事後指導の資料が残る点で便利です。

1）NPO法人　全国教室ディベート連盟の「ディベート甲子園」など。

第3部 8 レポート・ライティング
——「書き方」を学ぶ手法

- 「レポート・ライティング」は「探究活動」の基礎部分に当たります。
- 指導の手順としては、まず「書き方」をレクチャーし、実際の課題に当たらせ、作品を評価、作品と評価をもとに個別のチュータリングで、1人で論理的な文章をかける書き手を育てます。

❶ わかりやすく「書くこと」

　探究活動でポスターやレポートを作るために「書く」ということは、ポスターセッションでの「対話」とともに基本的な要素になります。

　ここでの「書く」ことの指導は、従来の国語科のなかの作文指導とは一線を画すものです。従来の作文指導が文学をベースにした「起承転結」の構成や表現の工夫を重視する文章作成であるのに対し、ここでいう書くとは学術論文や仕事の報告書作成術をベースにしているものです。そのため、表現の面白さは重要ではなく、いかにしてわかりやすい文章を書くのかということが大切になります。

❷「書き方指導」とは

「書き方指導」の手順

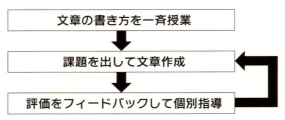

※このサイクルを授業で行なう場合、課題作成時間中に、前回の課題と評価をもとに1人ひとりの机を回りながら指導を入れると効率的

　「書き方」(具体的にはレポート・ライティング)の指導は次のような手順を踏みます。
　まず、文章の書き方を一斉授業で指導します。文書の書き方についてはすでにいくつもの本が出版されています。このとき、重要なのは学術論文の書き方である「アカデミック・ライティング」の入門書を利用するということです。これはアカデミック・ライティングの文章が、内容をストレートに伝えるために工夫されたものであるからです。
　書き方を指導したうえで、実際に学習者に課題を出し文章作成をさせます。そして、出来上がった文章を毎回きちんと評価します。細かな助詞や助動詞の言い回しではなくて、全体の文章構成です。主張は明確に提示されているか、それはきちんと根拠を伴うものであるかなどです。このような文章構成の考え方は書き方指導の際に説明をしないといけません。
　評価は、指導で強調したポイントをきちんと守れているかどうかという基準で行ないます。大まかにA・B・Cなどの評価でよいでしょう。しかし、Aならばどういう特徴であり、Bならばどういう特徴であるかという、「評価基準」や「ルーブリック」を作成し、毎回配布することをお勧めします。これによって学習者は自分のスキルがいまどの地点か、知ることができます。

この後は、出来上がったレポートとその評価をもとにした個別指導です。これは単なる文章の「推敲」ではありません。そうではなくて学習者と指導者が対話しながら、この文章の何処が良くて悪いのかを議論し、学習者が今後1人でも良いレポートをかけるように指導するということです。これを「文章チュータリング」と言います。

文章書いたら、ここから学びが始まる

column

「文章チュータリング」とは何か

　文章を推敲し修正することとチュータリングの思想はかけ離れています。たとえば、推薦入試の自己推薦状を指導してほしいと高校生がやってきたならば、「指導」と言いつつもほとんどの先生が文章を直してしまうでしょう。

　一方のチュータリングは「紙を直す」のではなく、「書き手を育てる」のだと言います(文献1)。このことは入試会場で行なわれる小論文試験やレポート試験の対策に似ています。過去問を解かせて、それをもとに書き方の指導をするというやり方です。この場合は何度も同じ過去問を解かせて、「型」を習得させているわけです。

1）佐渡島紗織・太田裕子（編）(2013)『文章チュータリングの理念と実践 —早稲田大学ライティング・センターでの取り組み』ひつじ書房。

第3部 9 情報を整理する方法——「アイデア」を生み出す手法

- アイデアを自由に出す「ブレインストーミング」やアイデアを整理する「KJ法」などを通じて、既存のアイデアを結び合わせ新しいアイデアを生み出していきます。

- 「情報整理術」は課題設定の「仮説作り」に役立ちます。

❶「アイデア」を整理し、生み出す

　探究活動の参考文献には図書館の使い方などが書かれたものがあります(文献1)。図書館などを利用し集めた情報をまとめるテクニックを「情報整理術」と呼んでみましょう。いくらたくさんの情報を集めても、それらをうまく整理し、そのなかから新しいアイデアを生み出さなければ前には進みません。これは「仮説」作りにつながります。

　「知識をどのように活用するのかが大切だ」とよく言われますが、知識を組み合わせたり分解したりしながら、新しいアイデアを作り出すことが探究活動の基本になるのです。

　情報整理術というと会議資料をバインダーに閉じることを思い出します。しかし、「学習」の観点から大切になるものは、個々の情報をいかに整理し体系立て、あるいは組み合わせながら、そこから新しいアイデアを生み出すのかということです。じつはこのような意味での情報整理術は日本においては企業教育に蓄積が存在するのです。

たとえば、企画会議での「ブレインストーミング」、出てきたアイデアをホワイトボードに書きためる方法、そして、「KJ法」[文献2]のような技術です。
　もともと、KJ法はアカデミックな世界のなかで生まれたものですが、問題を解決したり新しい企画を立てたりするために企業研修などを通じて広まり、そのノウハウが蓄積されていったのです。

❷「ブレインストーミング」と「KJ法」

　川喜田二郎によって情報整理術・発想法として「KJ法」が確立されました。川喜田はアイデアを出す方法としてアメリカで生まれた「ブレインストーミング」を採用しました。彼はブレインストーミングの原理を次のようにあげています[文献3]。

「ブレインストーミング」の原理
1．批判を禁ずる‥他人の発言を決して批判してはならない。
2．量を求める‥‥‥質のよいアイデアよりも多種多様で数多いアイデアを。
3．自由奔放 ‥‥‥‥「こういうことを言ったら、他人に笑われやしまいか」などという、いじけた、控えめな気持ちではなく、場合によってはどんな奇想天外にみえることでも言ってみること。
4．結合‥‥‥‥‥‥他人の発言を聞いて、それに刺激され、あるいは連想を働かせ、あるいは他人の意見に、さらに自分のアイデアを加えて、新しい意見として述べる。

　自由にアイデアを出す雰囲気、正解を最初から求めずに可能なかぎり解決策になりそうなさまざまなアイデアを出し続けることこそがブレインストーミングのポイントになるのです。このトレーニングはグループや学級のなかで活発に意見を言える雰囲気作りや下地作りにつながります。

どんなアイデアでも大丈夫だよ
……ほんとうに？

　アイデアの整理方法にはさまざまな種類があります。
　たとえば「KJ法」では、すべてのアイデアを付箋に書き込んで、類似したもの同士を重ね合わせます。そして、そのグループを代表するような見出しをつけ、再びグループ毎で類似したものを重ね合わせていき、最終的に大きな図解を作成します。この作業では全体を一望できるような環境が必要になります。

❸「情報整理」は新しい情報を生み出す

　以上のように情報整理術を見てきました。「情報＝アイデア」を整理することは、新しいアイデア創りにつながります。たとえば、「身近な環境破壊」というテーマで作文を書くときに、「環境破壊」から連想できる言葉やアイデアをとにかくたくさん出すというブレインストーミングをする。これによって、作文で書くネタを自分自身のなかから見つけることができるのです。
　さらにそのブレインストーミングで出てきたアイデアを整理していくと、そこに作文で書くべき内容が一定の論理構造を持ちながら現れてくるのです。

①アイデアをふせんやカードに書いて並べる　②類似したもの同士を集め、グループにする

 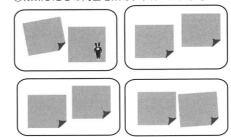

③グループに見出しをつける　④類似した見出しを集めて大きな見出しをつける

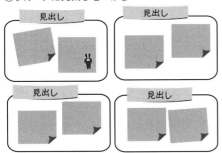 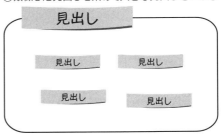

⑤全体を図としてまとめる

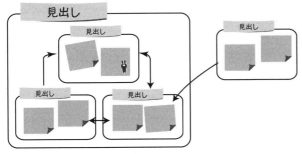

アイデアの整理法の例（KJ法を参考に）

1) 全国学校図書館協議会（編）(2010)『学校図書館の活用名人になる ―探究型学習にとりくもう』国土社や片岡則夫（編著）(2013)『なんでも学べる学校図書館』をつくる―ブックカタログ＆データ集　中学生1300人の探究学習から』少年写真新聞社など。
2) 川喜田二郎 (1967)『発想法―創造性開発のために』中公新書。
3) 川喜田二郎 (1970)『続・発想法―KJ方の展開と応用』中公新書、p.34。

第3部 10 「仮説」作りの方法(1) ——アイデアを「形にする」サポート

- ●「仮説」を作ること、それ自体に重きを置いた「探究活動」へのヒントを出します。

- ●この活動での「仮説」作りの支援方法としてここでは「情報処理術」や「リサーチクエスチョン」の活用、大まかな興味関心から焦点を絞っていく方法を事例とともに紹介します。

❶「情報処理術」を使う

　さて、前章に示した「情報整理術」などを使い、学習者が「仮説」を作るのをサポートすることができます。

　情報整理術を用いたものを含め、この章と次章では実際に高校生を対象とした探究活動で行なった「仮説」作りの支援方法を紹介します。

　高校生が自分の興味関心に沿って探究活動を行なうとき、自分の好きな歌手や食事、ゲームや映画についてなど、どうしても身近なものに目を向けてしまいます。少しでも自分と遠い学問の世界に目を向けてほしいそんなときは、自分自身からスタートして学問世界へとつながるルートのなかに「仮説」を立てるというやり方がよいかもしれません。

　ここでは情報整理術の「強制連結法」(文献1)を用います。紙面の片方に「私」と書きます。もう片方に教員が教科から1つ任意で専門用語を書き

ます。この間を連想ゲームの要領（たくさんの単語）でつないでいき、いくつもの連想の数珠つなぎラインを作ります。「私の身近な興味関心」と「教科の用語」がじつはつながっているということを可視化するわけです。この可視化されたものを見て、仮説を考えるのです。**（事例１）**

❷「リサーチクエッション」を使う

「仮説」を導く際に「リサーチクエッション」（RQ）という大雑把な「問い」を利用することがあります。子どもたちの「問い」はSF的な荒唐無稽な仮説を導き出す可能性もあります。だからこそ、仮説を作るときには十分に既存の学問的知識を引用しながら補強を行なっていくのです。

宇宙好きな高校生が「宇宙」をテーマに探究活動をやりたいと希望しました。生徒たちは最初から１つのRQを共有していました。それは「宇宙空間で暮らすためにはどうすればよいのか」。

生徒たちは分担して太陽系の惑星それぞれについて考えました。指導する側は、生徒たちが科学的に考えるようにそれぞれの太陽系の惑星の自然環境などを調べることを提案をしました。また、宇宙空間で人びとが暮らす可能性について既存の研究も調べるように促しました。

こうして簡単には検証することはできないものの、基礎的な知識とともに最新の天文学に裏付けされた仮説がいくつも出来上がりました。生徒たちはこの仮説をもとに宇宙物理学者らと対話を重ねました。**（事例２）**

❸ フォーカスを絞っていく

興味関心が曖昧な学習者には漠然としたところから出発してフォーカスを絞っていきます。このやり方の場合は指導者と学習者との対話関係が重要です。

「アニメや漫画などのサブカルチャーが好き」。そういう生徒をどう「仮説」作りまで連れて行くのか。

ひとまず、作品論や受容論など、さまざまな角度からのアプローチを提案。そのなかでアニメ業界の構造についてフォーカスが絞られました。さらにはインターネットで見つけたシンクタンクの資料を読み込み、業界のビジネスモデルに疑問を持った生徒。

アニメ業界の問題点を解決するためにはどうしたらよいのかというRQを立てながら仮説作りへと向かいました。**（事例３）**

1）林德治・宮田仁（2002）『情報教育の理論と実践』実教出版、沖裕貴・林德治（編著）（2010）『必携！　相互理解を深めるコミュニケーション実践学（改訂版）』ぎょうせい。

第3部 11 「仮説」作りの方法(2) ――「検証」に向けたサポート

- 「仮説」を検証することを前提とした「探究活動」へのヒントを出します。

- 「仮説」作りの支援方法としてここでは「変数操作」やそのプロセスの充実、さらに「定性的研究」の活用を事例とともに紹介します。

❶「変数」操作を使う

本章では「検証」を前提とした「仮説」作りの方法を紹介します。

仮説を検証することを重視するとき、「変数」を操作する方法がオーソドックスになるでしょう。

「変数」というと難しく感じます。ここでいう変数が専門用語で難しいと思われる方は「条件」というふうに考えたらよいでしょう。

たとえば、風邪の新薬Aを開発した。この薬が効くのかを検証したい。この場合、「風邪薬A」が「変数=条件」になります。風邪薬Aを飲む、あるいは飲まないという条件において風邪を治す速さに違いが出るか。こうして変数をもとにした仮説が生まれます。

> セルフヘルプのカウンセリング技法に「自己催眠」というものがあります。自分で自分に催眠術をかけてリラックスする方法ですが、音声テープ

を聴くことでこの自己催眠を行なうことができます。

　ある生徒はこの音声テープを使って「自己催眠が記憶力を上げる」という仮説を検証する実験を行ないました。記憶力を検証するためにいくつかのテストを作りました。自己催眠を行なう前にテストをし、その後にもテストをもう一度行ないます。自己催眠を行なう実験群に対して、自己催眠を行なわず、テストを間隔をあけて2回行なう統制群を作ります。そして、両群1回目と2回目のテストの点数の伸び率を比較するわけです。**(事例1－1)**

❷「変数」になじむ

　学習活動では変数を操作することよりもむしろそこまでのプロセスを重視することの方が大切でしょう。変数の操作はとても機械的で「何となく素材を変えました」という「浅い」考えでも通ってしまうのです。これをどう深めて「学び」として価値を持たせるかが問われます。

　自己催眠実験を行なった生徒は最初、「催眠術」に興味を示していました。筆者はまずその生徒に催眠術についての文献調査を勧めました。生徒は催眠術、そして意識や無意識についての理論的なレビューをまとめたポスターを1枚目に作りました。

　さらに筆者は生徒に「自己催眠」を実体験するようにと音声テープを貸しました。今度はそこでの体験（意識の変容や自己催眠を通して生じた変化）を記述するように促して、2枚目のポスターとしました。その過程で自己催眠を行なうと暗記力が高まったという気づきを得ました。

　そこから生徒は事例1－1の自己催眠と記憶力に関する実験を思いつくに至りました。このように文献調査や実際の実体験をおりまぜることで自己催眠という変数に学習者をなじませて、その体験や既存の知識をもとに変数の操作を含む仮説を導き出させることに成功したのです。**(事例1－2)**

❸ 定性的研究を使う

　効果が出やすそうな変数をどうやって探すのか。たとえば「××には〇〇が効果がある」という口コミや体験者のインタビューをとるという方法があります。このような数値データ以外の「語りデータ」などを集め、分析することを「定性的研究」といい（たとえば、アンケート）、これを用いて変数を作ることもできます。

> 　ある生徒が「高校生に最適なストレス解消法」について研究したいとやってきました。筆者はどのようなストレス解消法を利用しているのか同級生に調査したら、と提案しました。
> 　その生徒は、アンケートを取りデータを分析しました。そして、ストレス解消法には「安静にする」ことと「体を動かす」こと、2つの矛盾した項目があることに気づきました。
> 　生徒はここから、どちらがストレス解消に役に立つのかという実験を行なったのです。このとき、生徒の仮説は、定性的研究によって導き出されたひらめきによるものであり、それはある種、偶然のものなのです。
> 　当人が考えれば簡単に予想がつく仮説を検証するというのは、じつは探究活動のなかにおいて「仮説を作っていない」ということなのです。そのような活動、単なる実験用レポートの書き方の訓練でしかありません。
> **（事例2）**

ふろく

探究活動を「つながり」のなかで作る
——「連携」の実務を知る

　近年、「高大連携」などの名の下に探究活動を大学と連携しながら実施する学校が増えてきています。筆者自身、大学で高大連携事業を担当しながら、また、学校現場から高大連携の事例を見つめながら、その実務の難しさを感じてきました。本章では「連携」のもと探究活動を作るため、その全体像をまとめました。

ふろく 1 学校が「連携」をするとき

- 最近、学校と外部機関との「連携」が盛んに行なわれています。これはシームレスな「新しい学び」を実現する、つまり「生涯学習」をサポートするための連携体制の構築と理解できます。

- 探究活動においてもこのような「連携」が、見られます。

- 「連携」に臨むとき、重要なことは学校側が「何のために連携するのか」という目的意識を明確に持つことです。

❶「連携」と「生涯学習」

　学校が外部機関と「連携」する活動が近年、盛んに行なわれています。たとえば、高校と大学が連携する高大連携や企業と学校が連携する「産学連携」、博物館などの社会教育施設と学校が連携する「博学連携（社学連携）」などです。

　このような連携は単なる世間受けを狙ったものだけではなく、ここまで説明してきた「新しい学び」と密接な関係があるのです。

　「新しい学び」の要点は「生涯学習」です。学校教育（小学校から中学校、そして、高校という初等教育・中等教育）のみならず、高等教育、さらにその先の職業教育を貫くものが「新しい学び」＝「生涯学習」です。これは学校や大学、企業という一直線上にあるルートだけではなく、それを包み込むような学校外の学び＝社会教育ともつながるものです。

　そもそも私たちの一生涯における学びは「シームレス」なはずです。それを小学校、中学校、高校、大学、専門学校、企業、そして、その外側とを分け隔てているのは行政的なルールでしかありません。「新しい学び」の時代において、

学校が今、求められている「連携」は私たちの一生涯の学びに関係するすべての機関とつながり、私たちの「生涯学習」をサポートする体制を作ることに他ならないのです。

「学習者」、「先生」、「研究者」、「学芸員」……
「つながり」のなかで「学び」を作ろう

❷ 高大連携で探究活動を行なうなら……

　という前提がありつつも、現場で連携事業を組み立てる際に考えるのは、「その『連携』は学習者にどんな『メリット』があるの?」ということです。

　たとえば、ある高校が大学と連携協定を結び、高大連携の授業を行なう。高校生を大学の研究室に招き入れ、半年から1年間、ときにはそれ以上の期間をかけて科学探究をさせ、大学の研究者がフォローアップする。このケースでは、大学側としては優秀な学生を育て、自分の大学を受験させる動機付けができる。一種の「青田買い」のようなところがあります。

　じつはこのような取り組みは探究活動の先進校ではすでに始まっているのです。もちろん、外部からの資金援助があるのですが、このような連携事業を行なっている学校とそうではない学校では生徒が体験する教育の質は大きく変わってくるでしょう。

❸「メインディッシュ」は何？

「質が変わるからどうというのか。教員の負担が大きくなって面倒なだけじゃないか」と思う先生がいるかもしれません。

ポイントは学校側からみたメリットです。たとえば、大学と連携して授業を行なうことは、自校の受験生集めの目玉になり、新聞等で取り上げられれば学校の宣伝になるでしょう。また、大学のヒト・モノ・カネを授業に投入できることで、生徒の探究活動の高度化が図れコンクールで賞をとることができるかもしれません。そうなると生徒たちの「業績」ができ、AO/推薦入試に有利になるかもしれません。何よりも、高校ではできない高度な学習機会が与えられるということは、生徒たちの能力向上に大きな貢献となるでしょう。

「他の学校が連携事業をしているから、うちもしよう」、「時代の流れだからなんとなくしよう」、「教育委員会からの評価が気になるから、やろう」……このようなボンヤリした動機では連携事業はうまくいきません。校内での意見調整や保護者への説明もままなりません。また、連携先との交渉でも「自分たちが何をしたくて、そのために何をして欲しいのか」、明確でなければコミュニケーションもとれません。つねに自分たちが何をしたいのか、自分たちにとってのメインディッシュはなんなのか、明確に意識する必要があるのです。

学校の名を広めたい？　生徒に賞をとらせたい？
学びを深めたい？　何が一番欲しいの？

② どうやって「連携」する？

- 学校と外部機関が「連携」するにはさまざまな方法があります。
- 手軽に行なえる「出前授業」から、より深い連携を念頭に行なう「協同開発」・「協同運用」まで。
- 実際に円滑に「協同開発」・「協同運用」が行なえることは珍しく、学校と外部機関の「一蓮托生」的な連携は難しいのが現実です。

❶「出前授業」や「パッケージ授業」

　探究活動に焦点を当てて他機関との「連携」について考えてみます。連携先として多くなるのは大学などの高等教育機関・研究機関、あるいは博物館などの社会教育施設です。これらの機関とどういう「連携」が可能か、考えてみましょう。

　もっとも手軽に行なえる「連携」は「出前授業」です。
　たとえば、地域の自然についての調査・研究を行なう探究活動の授業をしたい。しかし、うちの学校の教員は地域の自然に知識はない。そこで、この地域の植生に詳しい大学の研究者に講演を依頼しよう。
　このように学校側がお膳立てをし、リクエストに沿った講義やワークショップを行なってもらう。スポットで参加してもう授業コマは基本的に先方に託すわけですから、事前の打ち合わせや学校側での生徒への事後指示が必要とはいえ、案外、簡単に行なうことができます。

ふろく　探究活動を「つながり」のなかで作る

もう少し長期的なものとして、連携先にある程度授業を準備してもらうのが「パッケージ授業」です。大学や博物館が何日間か、あるいはより長期で学習プログラムを作成して生徒たちに提供するものです。

　学校側としては負担が少ないのがメリットです。たとえば、「総合的な学習の時間」を一定コマ分、あるいは夏休みの集中講義数時間分を連携先に渡してしまうという発想です。当然ながら学校側には指導ノウハウは残らないので、実質的には授業の外注となります。

❷ 授業の「協同開発」と「協同運用」

　上記タイプでも「学び」の責任は学校側にあるわけです。「今日の授業をやってもらって、あーよかった」ではいけないのです。

　そこでもう少し踏み込んだ「連携」を行ないたいとなると、授業の「協同開発」が必要になります。

　たとえば、生徒の探究活動を大学の施設と指導のもとで行ないたい。ただ、すべての授業時間を大学で行なうものではない。学校と大学、両方で担当者を決めて、それぞれ大学では、高校では、どのような活動を行なうのか。そのために、全体としてどのようなカリキュラムを組めばよいのか。このようなことを話し合いながら、連携するそれぞれの機関の目的や考え、リソースをすり合わせて授業を作り上げていく。

　このような協同開発を行なえるなら「学び」という核を中心に連携が深化していくことでしょう。

　さらに、このような「連携」を恒常化するためには「協同運用」というフェーズに移行する必要があります。

　単に「一緒に授業ができました。よかったね」ではなく、「連携」が終了した段階で振り返り、どこを修正すべきか点検する。さらにこの取り組みをそれぞれの組織の活動のなかに位置づけ、資源を確保し、担い手となる教員・担当者を育てていく。このようなことを話し合いで決め、恒常的な取り組みへと展開させていくのです。

❸「一蓮托生」は可能か

　「協同開発」や「協同運用」がうまくできることはとても稀です。

　組織間の「協定」が結ばれても往々にしてトップダウン的な取り組みになりがちで、担当者同士のモチベーションがそれほど高くない場合、看板倒れになることもあります。また、担当者同士で意気投合し、「連携」がボトムアップで展開されても、その担当者の異動で破綻することもあります。

　「組織間連携」といっても結局は・人・と・人・と・の・つ・な・が・りです。そう考えると、新聞等で取り上げられる華々しい「連携」の二文字も、非常に人間臭いものに感じられます。

　いかにして「一蓮托生」と謳えるほどの関係性を作れるのか。次章以降、実務の流れを見ながら考えていきたいと思います。

ふろく3 連携「体制」をどう作るか

- ●「連携」は、個人的なものから組織間、教育委員会との包括協定などさまざまな規模で行なわれます。

- ●現場では「連携」に際して管理職から担当者間の指揮系統を構築した後、実務者が校内の要望をまとめ、連携会議において交渉を行ないます。

- ●それぞれの実務者はお互いにスケジュールと役割分担を明確にしていき、実際の活動中にはさまざまな調整を行なっていきます。

❶「連携」の「規模感」

　学校と外部機関が「連携」するとき、どのくらいの規模で物事を考えるか、重要になってきます。

　もっともミクロなものが「個人的な連携」です。「理科のA先生が出身研究室のB教授のところに授業の一環で研究室訪問をする」。これはあくまでもA先生とB先生、両者の個人的な関係に基づき、その間で完結する連携です。

　もう少し規模を大きくしたものに、「組織間連携」があります。校長と大学総長の間で調印書類にサインを交わすようなものです。ここでは、どのような事業を行なうのかなどが記された協定書が交換されます。

　協定書の処理がうまくいかない場合、あえて連携協定を結ばず、個々人の付き合いとして完結させることもあります。しかし、大規模な児童、生徒の移動や活動、大きな資金、そして、高校や大学間で指定校推薦等の高大接続の問題が絡む場合、きちんとした協定書を結ぶことが必要となります。

　公立学校の場合、一校だけの連携ではなく、教育委員会と相手機関という「包

括協定」を結ぶ場合もあります。

❷ 現場での「体制作り」

「連携」が始まると現場ではどのような動きが起きるのでしょうか。ひとまず、担当部署が設けられるか、既存の校務分掌に担当者が置かれることになります。

たとえば、高大連携の場合、進路部に仕事が割り振られ、その部署内に担当者がつけられます。そして、分掌の主任や管理職と密に相談しながら、先方の担当者と連絡をし交渉を始めます。

担当者が物事を決めるためには管理職との連絡が必要になります。そのため、「管理職－担当校務分掌主任（教科主任や学年主任の場合もあり）－連携担当者」という指揮系統が生まれます。

体制ができあがっていくと、校内関係者で会議を設ける必要があります。ただ、関係するからといって大勢の教員を参集していては実務ははかどりません。会議は「管理職－担当校務分掌主任－連携担当者」による事前会議、そこに授業を実際に行なう教員を含めた全体会議という二段構えで、事前会議で大筋の方向性と事案を作成して、全体会議で修正を加えていくというやり方が効率的です。

❸ 担当者、連携の机へ

以下では高校の「総合的な学習の時間」で科学的な探究活動を実施するために、大学と連携し授業プログラムを「協同開発」する場面を想定します。連携担当者は1名とし、複数の教員が授業を担当すると考えてみましょう。

さて、まずはスケジュールを組み立てます。これが担当者にとっての最初の仕事になります。何月までに学校側で何を決めないといけないか、大学側で何を決めないといけないか……というものです。

そのために、校内の会議で、「この連携事業でこの学校は何をしたいのか」確認する必要があります。たとえば、「この連携事業で生徒の探究活動の質を

高めたい」、そして、「最終成果物として学会のミニセッションに参加できるレベルの探究ポスターを作りたい」。では、そのような探究ポスターを作るために大学に何を求めたらよいのか……などを考えます。こうすると、「学会のミニセッションに大学のサポートのもとで出品したいが可能かどうか」など、大学側との交渉事項が生まれてきます。

　このような学校側の目的や交渉事項を持って、担当者は大学側の連携担当者との会議に望みます。このとき、大学側も同じような目的や交渉事項を持ってきているとよいのです。そのため、会議の前に双方、このような事項を持ちあおうと打ち合わせておくとよいでしょう。

連携会議までに学校側が用意したい項目の例

- ・参加生徒の情報（学年・コース・人数）
- ・学校としての目的
- ・当該授業の学校運営上の位置づけ
- ・連携イメージ
- ・生徒の最終成果物
- ・学校側が提供するサポート 〕－ 教員・教材や教室・予算など（ヒト・モノ・カネ）
- ・大学側へ要請するサポート 〕－ 予算については使途が限定されるものもあるので注意
- ・大まかな希望スケジュール（行事やテストの関係を考慮したもの）

❹ スケジュールと役割分担

　スケジュールは2つ作ります。1つは、学校と大学がそれぞれ何をしないといけないかをまとめたもので、これは連携会議の場で作ります。

　もう1つは、この学校と大学との間のスケジュールを校内レベルに落としたもので、校内の誰がいつまでに何をしないといけないかをまとめたものです。これは校内の事前会議の場で作り、全体会議で調整します。

　一連のプロセスは不可逆的なものになるようにします。全体会議で「こんな日程ではできない」と授業担当者に撥ねられてしまえば、再び連携会議でスケジュールを作り直さないといけない。これでは時間がいくらあっても足りません。

　そのため、学校側の担当者は連携会議での交渉では校内のあらゆる事情を考慮しないといけません。そのため、大学との連携会議の前に校内での全体会議を開き、担当者の不安や事情、意見を汲み取っておく必要があるでしょう。

　スケジュール作成の段階で役割分担も決めておきます。学校の授業担当者、大学の研究者、それぞれがどのような役割を担うのか。この際、大学の研究者と生徒との間の連絡など、個人情報を含む問題を解決しないといけません。

　役割を厳密に決定して、以後のプロジェクトに制約を大きくかけることも足かせになる場合があります。ある程度、ゆったりと、しかし、問題等が生じる場合に備えて明確な役割と権限の規定が必要となります。

❺ 活動中の「調整」

　実際に生徒が活動を始めると思いもよらぬことが起きるのが常です。

　たとえば、「大学での実験のためにクラス編成を行ないたいが、希望をとったら特定の研究室に偏ってしまった。大学側の想定と異なるが受け入れ人数の変更は可能か」という大学側への要請もありますし、「授業担当のA先生が連携会議で決定した内容に、『これでは生徒のためにはならない』と強く反対している」という校内での調整が必要な場面も生じるでしょう。

担当者は連携先と校内教員との板挟みになりながらも、学校という組織としての最終決定権は管理職が握るという状況で、非常に大きなプレッシャーとジレンマを抱えることになります。

　連携先と校内教員という2つの調整を迫られる担当者ですが、活動が実際始まれば「3つ目のプレーヤー」、つまり、学習者である児童、生徒の登場によってさらに複雑な状況に追い込まれます。

　たとえば、「授業プログラムに前向きに参加しない」、「大学の教員とケンカをした」などの状況が生じます。担当者は学校の窓口として連携先に非礼を謝ったり、新しい変更をお願いしたりして全体を再調整します。

　ときに大学側からの要求を突っぱねたり、担当教員に指導法を修正するよう注意したり、とてもストレスの高い場面にも出くわします。

　このように状況が流動的になりますから学校側、大学側、相方の担当者はそれぞれが何を目指し、目的としているのか、つねに確認し合う必要があります。

❻「連携」が終われば……

　もっとも理想的な「連携」は、プロジェクトが終わった後に始まります。つまり、今回の連携事業について双方でどのような改善点があるのか、話し合い、次のプロセスにつなげていく作業です。

　この作業は単なる「反省会」ではなく、それぞれの監督部署に事業の内容と効果、改善点を報告し、連携事業の継続や発展、そのための予算措置等、次に向けた取り組みを念頭に行なうとよいでしょう。

4 「連携」の実際と諸問題

- 「連携」に際しては思いもよらない問題が生じてきます。
- 外部の目は教師の「ごまかし」を許さず、教える側の能力不足を露わにすることがあります。
- 「社会人」としての「マナー」が要求されます。
- 普段の授業とは違う環境に教師も学習者も身を置く「連携」プロジェクトはそれぞれにとっての「アクティブ・ラーニング」といえるものです。

❶ ごまかしが効かない

　連携事業では担当教員が思わぬ困難さに出会うことがあります。筆者の体験や見聞きした他のプロジェクトの事例をもとに、再構成した「連携」の実際とともに、そこで現れる諸問題と対処法を考えてみましょう。

　教師と連携先の人たちとで認識が違うことがあります。たとえば、高校生が地域の環境保護団体の人にインタビューし、現地調査をしてポスターにまとめる。教師は毎日放課後、生徒にポスターを作らせる。
　「なんとか、発表ポスターを完成した。生徒も放課後、残って頑張ったし、連携先の人たちも喜ぶだろう」とポスターを持って公民館へ。
　地域の人たちの前で発表会をしたが、みんな、変な顔をする。帰り際、地域の人たちが管理職に詰め寄る。「こんな小学生みたいな発表会のために私たちは協力したんじゃない！」
　このような事態は学校側で学習目標が明確ではないこと、つまり、カリキュ

ラム・デザインがおざなりであることに起因する場合が多いです。「この水準の最終成果物を作ろう。そうすればこの程度の学習目標が達成できたと理解できるはずだ」、このような視点が抜けているのです。

代わりに生徒が調査している絵面、発表している絵面を確保し、それらしく見せるために、放課後残って頑張った達成感を生徒に味合わせたいという文化祭感覚で行なったために、取りつくろいでしかないアリバイ的な学習を行なってしまったのです。校内発表だけならまだしも外部と連携することは、「ごまかしが効かない」状況に自らをおくということなのです。

❷ 教師としての力量が問われる

アクティブ・ラーニング型授業の指導原則は「ファシリテーション」、つまり、学びを促す関わり方です。多くの人が関わる連携プロジェクトでは不透明さや偶発性を抱えたまま、授業が展開されます。そのため、学習者をリードすることが難しくなります。

ある高大連携の大学担当者が、プロジェクトがうまくいかない、生徒が真面目に取り組んでくれないと悩んでいました。プロジェクトも終わりに差し掛かったとき、高校の担当者がつぶやいたそうです。「いやー、今回は生徒を一切怒らないようにしたんですよね。それがダメでしたね」

よく学校の先生が「持っていき方」という言葉を使います。これは指導する際の説明や動機付けの方法などを指します。「ファシリテーション」の1つと考えられます。この持っていき方のうまい先生は学習者をその気にさせて難しい課題もこなすように動機付けたり指導できたりします。

連携プロジェクトやアクティブ・ラーニング型授業では持っていき方が本領を発揮します。適切な動機付けができるかは、教師としての基本的な力量の問題です。不透明さや偶発性のなかで学びを生み出すというのは、ファシリテーションができないかぎり不可能なのです。

❸ 「社会人」として当たり前のことを

　外部との「連携」において、先方は「社会人として当たり前のこと」はできるものとして関わってきます。

　たとえば、未だにパソコンやインターネットを使えない先生がいて、メールやデータのやり取りに拒絶感を持つ人もいます。その人のために余分なコミュニケーション・コストがかかります。こういう場合は学校側でフォローする仕組みを考えるとよいでしょう。

　名刺を持っている教員は少ないです。名刺がないだけならまだしも外部の人間に挨拶をする習慣がない先生も時々います。

　あるプロジェクトでは、連携会議の顔合わせで学校側の教員が名刺交換どころか自己紹介ひとつしないということがあったそうです。大学側の責任者や担当者に自己紹介をさせ、お客さん気分で聞いているだけだと、大学関係者が憤慨していました。自分が学校側の担当者になったなら名刺を作る必要がありますし、名刺交換＝挨拶の習慣は意識的に行なう必要があります。

　また、参加生徒が少人数の連携事業なら教員から生徒を紹介することが好ましいです。大人数ならグループ・リーダーなどの生徒を大学関係者に自己紹介させておくことは円滑な連携のために必要なことでしょう。

「私、こういうものです」
はじめはみんな「知らない」同士

❹「連携」は嵐のなかで

　連携事業は教師にとっての「アクティブ・ラーニング」です。自分たちの考えや目的を明確に持ち、自ら行動して「主体性」を発揮し、学校に閉じこもっていれば出会わない人々と「対話」し問題を解決する。そのなかで実務能力を身につけ、学習者や学びそのものに「深い理解」を形成していく。こうして教師としての専門性とキャリアを確立していくのです。

　しかし、それは困難や失敗を伴うものです。ときに誰かの信頼を損ねたりプロジェクトを破綻に追い込んでしまったりすることもあるでしょう。

　関係者が増えれば増えるほどに利害関係が衝突します。校内の担当者を増やすだけで会議が回らず、授業が動かなくなることもよくあります。

　関係者の数だけ教育への捉え方がありますから、認識がぶつかり合うことも度々です。まして「探究活動」という未知のものを、「連携」という未知の世界で行なうなんて無茶に感じることでしょう。

　このようなぶつかり合いは社内の調整や取引先との交渉として本来、社会人なら誰しも経験するものなのです。「大人として当たり前のことである」ということもできるでしょう。しかし、このようなぶつかり合いを学校現場はこれまであまり経験してこなかったのも事実です。

　「連携」、そして「探究」……それは静かな入り江にやってきた「嵐」かもしれません。

　学校と外部機関との連携事業は複雑なプロセスと人間関係、予期せぬアクシデントに溢れた非常にコストの高い取り組みです。校内で完結する安全で安心な取り組みを行なっている学校が、わざわざ外部機関と連携して新しい取り組みを行なうというのは、まさに「嵐」のなかに船出することと同じと言っても過言ではないでしょう。

　しかし、この冒険の向こうに誰もみたことのない財宝が待っているとするなら、チャレンジしないわけにはいかないでしょう。

　現実に探究活動の先進的な取り組みを行なっている学校の多くが外部の機関

や地域の人々との連携によって児童・生徒の学力を伸ばし、学校をよりよいものにしていっているのです。

はたしてこの嵐の向こうに
「教育の未来」が待っているのか？

30年の「歩み」の先に

　本書では「新しい学び」の始発点を1980年代の臨時教育審議会と見立てています。しかし、そこで出たコンセプトが学校現場に導入され萌芽的な取り組みが広がっていったのは1990年代以降と考えられます。

　1990年代に「総合学習」ブームで活躍したのは小学校の先生方でした。同時期、高校では総合学科設立から現在へと続く学校改革が始まりました。2000年代には大学教育改革が一気に進み、各地の大学では高等教育学者が実務と研究を兼ね備えた理想的な取り組みを行ないました。

　しかし、このような動きのなかで本当に学校現場で「新しい学び」が実質化されたかと言われれば、素直に頷けないところがあります。結局は一部の先進的な学校だけがこのような取り組みを行ない、多くの学校は「知識詰め込み型」の教育を行なっていたのではないか。

　そんななか、変わることのなかった知識詰め込み型教育の権化である「従来型の大学入試」が2020年のオリンピック・イヤーに終焉を迎えます。奇しくも90年代採用の先生方が管理職になろうとする頃です。

　1つの「改革」を行なうために私たちは30年の月日を費やしてきました。これは大きな損失かもしれません。

　しかし、大学入試が変わったからといって現場が変わるわけもないのです。重要なことは変わらないといけないという外庄が逃げられないかたちでやってくるということなのです。このような事態において、教師に求められる力はより明確になっていきます。

「当たり前のこと」ができていない

　本書をお読みになられて、ずいぶん、「当たり前のこと」が書かれているなと思われた方もいらっしゃるでしょう。本書を作成するうえで何人か、現場の先生に原稿を読んでいただき感想を頂戴しました。

　ある高校の先生に読んでもらったとき、「えらく当たり前のことが書いてあるという印象ですな」と言われました。

　筆者としてはギョッとしたのですが、その方はニヤッと笑い、「まあ、その『当たり前のこと』を皆、知らないんだけどね」

　探究活動指導に従事していたり学校改革に取り組んでいたりする方々のなかにも「『生きる力』って何？」と首をかしげる先生もいらっしゃいます。このことは学校現場と教育行政・教育研究の乖離を如実に語っているのです。

　本書はこれまで一緒に仕事をしてきた現場の先生との交流のなかで生まれました。この先生たちがこの知識や技術を知っていたら、仕事が何倍にもはかどるのにという「もどかしさ」から、この企画が始まりました。

「授業をデザインする」こと

　カリキュラム再編を筆者とともに行なっていた先生がポツリと言いました。

　「自分はこれまで教科書に頼って授業を作ってきました。今回、『総合的な学習の時間』という教科書のない授業を作ることによって、授業を『デザイン』するということがとてもよくわかってきました」

　その方は理数科の先生だったのですが、理数科は系統的な知識獲得が重視される教科です。どの順番で教えるかで理解が変わってくるのです。だからこそ、教科書というものが大きな意味を持つのです。

　しかし、「総合的な学習の時間」、そして、探究活動は教科書のない、系統性が最初から提示されていない教科です。本書で示した「探究」カリキュラム・モデルのように一定の系統性がありますが、それをもとに各学校現場に合うかたちにつくり上げるには大変な労力が必要です。筆者はこの先生とともに仕事

をしながら、本書に納められた知識・技術を説明していきました。

　実際にカリキュラムを開発・運営された先生の言葉は「探究」カリキュラムやアクティブ・ラーニング型授業をデザインするということの実感なのだと思います。

「指導書に頼る」こと

　とある学校の授業検討会議に参加することがありました。そこにいた先生たちが手に持っていたのは「指導書」でした。

　一般には余り知られていませんが、先生には教科書会社によって作られた虎の巻的な「指導書」なるものが用意されています。「力のある先生」や、「授業力のある先生」はオリジナルで授業を作りますが、一定数の先生は指導書に頼って授業を行なっています。

　高校の教師となると教科の元学問が専門であることが多く（たとえば、国語科の先生は日本文学が専門）、本書に収めているカリキュラム・デザインの心得などは知識や技能として定着していないようです。小学校の先生はなおさらで、1人ですべての教科の授業を作らないといけないわけですから、若手の先生方は個々の教科の専門性も高める余裕なんてないのです。ですから教師が指導書に頼るというのはわからないわけでもないのです。

　指導者が悪いということではありません。たとえば、筆者が高校で国語を教えていたとき、古文を指導する際は指導書の品詞分解に随分助けられました。

　しかし、指導書に慣れてしまうと「指導書のとおりに授業をしないといけない」と勘違いする人も出てきます。指導書は教科書のように検定されたものではないので、かなり際どい内容が書かれていることも、ままあります。

専門性を高めるために

　指導書を手に議論をする先生たちを見て、「ああ、そうか」と気づいたのです。授業をデザインする力が充分ではない先生たちは「形を真似る」ことをします。

他人の授業案や特定の学習方法を真似るわけです。その際、酷い、あるいは偏った資料を参考にしたらどうでしょうか。余計に困ってしまうでしょう。

どうすればよいのでしょうか。たしかに既存の教案や指導書をもとに授業を作るのはラクです。でも、現実的に、それで「生きる力」をつける学びを実質化できるかといえば、厳しいかもしれません。

重要なことは自分たちで授業を「デザイン」するということ、そのデザインされたカリキュラムの肉となるさまざまな学習方法について学び、体験し、モノにすること。そして、授業を「学び」を実質化するために「ファシリテーター」としての専門性を高めること。

デザインし、実践し、試行錯誤を繰り返すなかで使えるものと使えないものが見えてくるなら、既存の指導書や教案を利用することもよいでしょう。

教師がこのような教育専門職としての専門性を自ら高めないかぎり、「アクティブ・ラーニング」や「カリキュラム・マネジメント」などの取り入れも、大学をはじめとする他機関との連携も、まったく無意味なものになります。

キーワードは「『新しい学び』の実質化」です。「生きる力」に代表される「新しい学力」をいかにして学習者に習得させるのか。そのために考えられる最良の方法とその運営システムを構築することが今、学校現場に求められているのです。

読書案内

理論編	教育学一般	寺脇研（2013）『文部科学省―「三流官庁」の知られざる素顔』中公新書ラクレ	元官僚の視点から教育行政の歴史的経緯や裏側が書かれていて読みやすい。
		東京大学教育学部カリキュラム・イノベーション研究会編（2015）『カリキュラム・イノベーション― 新しい学びの創造へ向けて』東京大学出版会	「学び」・「学習」という用語を定着させるのに貢献した東大教育学の人々。代は変わっても実践現場に近い研究を今も続けている。
		溝上慎一（2014）『アクティブラーニングと教授学習パラダイムの転換』東信堂	「アクティブ・ラーニング」や「深い学び」を流行らせた2010年代の教育改革イデオローグ「京大高等教育学」の面々の著作。やや難しい内容であるが原理的なことを押さえておきたいなら手にすることをお勧めしたい。
		溝上慎一（監修）（2016）『アクティブラーニング・シリーズ』東信堂	
		松下 佳代・京都大学高等教育研究開発推進センター（編）（2015）『ディープ・アクティブラーニング』勁草書房	
	探究活動	小泉治彦『理科課題研究ガイドブック 第3版』千葉大学先進科学センター　以下よりダウンロード可能（http://www.cfs.chiba-u.jp/koudai/pdf/Library/guide_dai3ban.pdf）	SSH関係者と話をすると必ずと言ってよいほど出てくるテキスト。理科の課題研究をしたことがない人でも読めば一通り理解できるものになっていると評判。
		リチャード・ジェームス＆ガブリエル・ボールドウィン（近藤政博訳）『研究指導を成功させる方法 ― 学位論文の作成をどう支援するか』名古屋大学高等教育研究センター（以下よりダウンロード可能 http://www.cshe.nagoya-u.ac.jp/publications/file/Eleven_Practices_of_Effective_Postgraduate_Supervisors.pdf）	課題研究を指導する場面で参考にしたいテキスト。
		板倉聖宣（2010）『未来の科学教育』仮説社	「仮説実験授業」の父、板倉聖宣。注目したいのは、元来、科学史研究者である彼の科学教育観。
	授業作り	稲垣忠・鈴木克明（編）（2011）『授業設計マニュアル―教師のためのインストラクショナルデザイン』北大路書房	カリキュラムのデザインについては「インストラクショナルデザイン」が参考になる。この本は教科書的なテキスト。
		西岡加名恵・石井英真・田中耕治（編）（2015）『新しい教育評価入門―人を育てる評価のために』有斐閣	伝統的な教育方法学を受け継ぐ「京大教育方法学」の面々が記した教科書。評価を学ぶときには必須。
		田村知子・村川雅弘・吉冨芳正・西岡加名恵（編著）（2016）『カリキュラムマネジメント・ハンドブック』ぎょうせい	「カリキュラム・マネジメント」の参考書。教科書的なので噛み砕き、取捨選択して実践に落としたい。

読書案内

実践&実務編			
ファシリテーション	南山大学人文学部心理人間学科（監修）・津村俊充&石田裕久（編）(2011)『ファシリテーター・トレーニング—自己実現を促す教育ファシリテーションへのアプローチ』ナカニシヤ出版		南山大学での取り組みをまとめたもので、日本での「ファシリテーション」の教科書としては最重要なものの1つ。
	中野民夫 (2001)『ワークショップ—新しい学びと創造の場』岩波新書		「日本のワークショップの父」中野民夫の新書。読みやすい。
ワークショップ	中原淳&日本教育研究イノベーションセンター（編著）(2016)『アクティブ・ラーナーを育てる高校—アクティブ・ラーニングの実態と最新実践事例』学事出版		東京大学の中原淳は成人教育だが、発信力が高く、学校教育的にも示唆的な仕事をしている。
	フィリップ・ヤノウィン（京都造形芸術大学アートコミュニケーション研究センター訳）(2015)『学力をのばす美術鑑賞 ヴィジュアル・シンキング・ストラテジーズ—どこからそう思う?』淡交社		ミュージアム系ワークショップの源流ニューヨーク近代美術館の教育部元部長の著作。
アイスブレイク	國分康孝・國分久子（総編集）(2004)『構成的グループエンカウンター事典』図書文化社		学校カウンセリングの草分け國分らがまとめ上げた「グループエンカウンター」のワーク事例集。学校教育にはすぐに活用できる。
コミュニケーショントレーニング	平木典子 (2012)『アサーション入門—自分も相手も大切にする自己表現法』講談社現代新書		アサーショントレーニングの本邦での第一人者平木の書いた入門書。これを読み、ワークブックに進みたい。
	沖裕貴&林徳治（編著）(2010)『必携! 相互理解を深めるコミュニケーション実践学』ぎょうせい		コミュニケーションワークの事例集。すぐにでも使える教材がまとまっている。
情報整理術	川喜田二郎 (1967)『発想法—創造性開発のために』中公新書		KJ法の起源たる著作。思いの外、読みやすく利用もしやすい。
	川喜田二郎 (1970)『続・発想法—KJ法の展開と応用』中公新書		
レポートライティング	佐渡島紗織&太田 裕子（編）(2013)『文章チュータリングの理念と実践—早稲田大学ライティング・センターでの取り組み』ひつじ書房		文章チュータリングの理論と取り組みについて書いている。
授業運営体制の構築	佐藤浩章・中井俊樹・小島佐恵子・城間祥子・杉谷祐美子（編）(2016)『大学のFD Q&A』玉川大学出版部		大学での教育改善について実務者たちが記したもの。学習理論の説明のような教科書的内容から消極的な教員へのアプローチ方法まで、学校種は違えど参考になるものが多い。

謝辞

　本書のもとになった研究は、公益財団法人 博報児童教育振興会　第10回児童教育実践についての研究助成「『大学博物館式探究活動プログラム』の開発と試行」（代表者　蒲生諒太）によるものです。同財団、サポートしてくださった職員の皆様には厚く御礼申し上げます。

　本書の執筆背景にあります実践をサポートいただきました、京都市立紫野高等学校の皆様、京都大学総合博物館関係者の皆様、特別展「学びの海への船出」・「京のイルカと学びのドラマ」協力校、関係者の皆様、滋賀県済生会看護学校の皆様、京都大学大学院教育学研究科の皆様に感謝申し上げます。

　また、現場での実務でご指導頂きました紫野高校の歴代管理職の皆様（2015年度までの、村山義彰先生、竹田昌弘先生、吉田明弘先生、田中克典先生、吉田功先生、北村光司先生）、京都大学総合博物館で多くを学ばせて頂きました京都大学名誉教授（元館長）大野照文先生、京都大学教授（現館長）岩﨑奈緒子先生、皆様のご厚情に深謝申し上げます。

推薦文を寄せて頂きました東京学芸大学教授成田喜一郎先生には平素より温かい御言葉を頂き、感謝申し上げます。

　本書の内容につきましては次の先生方からご助言を頂きました。お忙しいなか、現場の声を届けてくださり、ほんとうにありがとうございます。

生田依子先生（奈良県立青翔中学校・高等学校）、石川正樹先生（兵庫県立神戸商業高等学校）、猪口俊二先生（山形県立鶴岡南高等学校）、梅田徹先生（大阪市立東淀工業高等学校）、岡本知幸先生（京都市立紫野高等学校）、紀平武宏先生（京都市立堀川高等学校）、山田裕二先生（国立研究開発法人　科学技術振興機構）、吉田功先生（京都市立銅駝美術工芸高等学校）、新潟県立新潟南高等学校の先生方（青山一春校長先生が取りまとめてくださいました）

　最後に本書刊行に尽力してくださいましたヴィッセン出版の前田朋さま、イラストレーターのGMA（じーえむえー）さま、ブックデザインの小野晴美さまに心より感謝申し上げます。

がもうりょうた

　立命館大学文学部を卒業後、京都大学大学院教育学研究科へ進学。研究と並行して高等学校で教壇に立つ。国語科の授業を担当しながら、課外活動として「探究活動」を若手教員とともに実施。その後、「総合的な学習の時間」再編に参加し、カリキュラム分析・開発を行なう。カリキュラム骨子完成後は企画部主任のアドバイザーとして授業運営を補佐。学校現場での活動をきっかけに、2014年度、京都大学総合博物館初の「教育学」をテーマにした展覧会「学びの海への船出」を担当、さらに2015年度「京のイルカと学びのドラマ」プロジェクトでは、プロジェクト&学修支援総括・企画構成に就き、学校との連携事業、京都大学での初年次授業・教職授業、総合博物館でのワークショップ、「探究活動」発表大会などを企画・運営した。専門は学修支援、「学校外の学び」についての現代史研究。現在は関西大学などで非常勤講師をしながら立命館大学生存学研究センター客員研究員。京都大学大学院教育学研究科博士後期課程在籍。

探究カリキュラム・デザインブック
アクティブ・ラーニング（主体的・対話的で深い学び）はじめました

2017年3月26日　初版第1刷発行

著　　者	がもうりょうた
発　行　所	合同会社ヴィッセン出版
	〒603-8002　京都市北区上賀茂神山297番地2
	TEL:075-741-1871　　FAX:075-741-1870
	http://www.wissen-publishing.com
発　行　人	前田　朋
ブックデザイン	小野晴美
イ ラ ス ト	GMA（じーえむえー）
印刷・製本	シナノ印刷株式会社

© Gamou Ryouta 2017　Printed in Japan
ISBN978-4-908869-00-6 C3037

乱丁・落丁本はお取り替えいたします。小社までご連絡ください。
本書のコピー、スキャン、デジタル化等の無断複製は著作権上の例外を除き禁じられています。